PONTIFICAL INSTITUTE OF MEDIAEVAL STUDIES

STUDIES AND TEXTS

24

ISBN-0-88844-024-3

PRINTED BY UNIVERSA — WETTEREN (BELGIUM)

GERHOCH OF REICHERSBERG

Letter to Pope Hadrian
about the Novelties of the Day

EDITED BY

NIKOLAUS M. HÄRING, S.A.C.

PONTIFICAL INSTITUTE OF MEDIAEVAL STUDIES
TORONTO
1974

DEDICATED TO THE HOSPITABLE COMMUNITY OF
ADMONT ABBEY O. S. B.

TABLE OF CONTENTS

INTRODUCTION

PREVIOUS EDITIONS

The treatise, entitled *Liber de nouitatibus huius temporis*, addressed in 1156 to Pope Hadrian IV (1154-1159) by Master Gerhoch (1093-1169), provost of Reichersberg, was edited in its entirety for the first time in 1903 by Oliver Joseph Thatcher.[1] Before that date a number of excerpts illustrating the conflict between emperors and popes had been published by H. Grisar and E. Sackur.[2]

Especially in Europe Thatcher's publication was widely unknown and is still very difficult to come by.[3] Faulty transcriptions mar the edition. To offer some examples affecting the understanding of the text Thatcher, who meticulously notes Sackur's mistakes, transcribes *quoniam* (ii.1) as *quum*, *demonstratam* (ii.3) as *demonstratum*, *dispensentur* (iii.9) as *dispensantur*, *desiit* (iv.25) as *desinet*, *nostri temporis* (iv.30) as *nostris temporibus*, *argento* (iv.31) as *argente*, *uirtute* (iv.44) as *unitate*, *per* (iv.64) as *pro*, *filii* (iv.67) as *filius*, *dilectissimi* (x.3) as *dilirium*, *ceteris* (xvii.6) as *certis*, *donatur* (xviii.10) as *donauit*, *sunt* (xviii.11) as *sit*, *cogitationibus* (xviii.12) as *cognitionibus*, *altam* (xix.3) as *altera*, *adoptare* (xix.5) as *adoperare*, *creditur* (xxl.13) as *conditur*, *accomodatis* (xxi.19) as *accomodans*, *disponere* (xxiv.5) as *disponens*, *precipui* (xxxi.4) as *principui*, *adeo* (xxiv.6 and xxxvii.2) as *a Deo*, *utriusque* (xliii.17) as *utrumque*, *bene* (xliv.4) as *bonum*, and so on. A number of words do not appear in Thatcher's text. In the present edition, however, no attempt is made to draw further attention to Thatcher's textual errors.

Thatcher carefully identified numerous biblical quotations. Although many more identifications have been made in the present edition, implicit scriptural references or allusions made by Gerhoch are too numerous to be adequately annotated.

In many instances it is obvious that Thatcher was not familiar enough with Gerhoch's sources. He failed to realize that Gerhoch (iv. 68-69) copied a passage from St. Bernard (*De Cons.* V,8,18) and, on another occasion (xxiv.2-7), inserted a lengthy excerpt from Rupert of Deutz (*In Ioh.*

---

1 Studies Concerning Adrian IV, in: *The Decennial Publications of the University of Chicago, First Series*, 4 (Chicago 1903) 186-238.

2 Die Investiturfrage nach ungedruckten Schriften Gerhoh's von Reichersberg, in: *Zeitschrift für katholische Theologie* 9 (1885) 536-553. *Gerhohi libelli selecti*; ed. E. Sackur, in: MGH Lib. de lite 3 (Hannover 1897) 288-304.

3 P. Classen, *Gerhoch* 420.

II). Apparently Thatcher did not know that the text attributed to the *catholicus doctor Athanasius* (iv.23) was taken from the so-called Athanasian Creed. He ignored this Athanasius on several other occasions (iv.40; v.2; xii.3; xix.3). Thatcher did not notice that the reference to Pope Gregory's "in Ezechiele" made in the following paragraph (iv.24), is based on the pope's homilies on Ezechiel. In the same chapter a text from Ambrose (iv.38) and two from St. Hilary (iv.39 and 40) are not identified.

Thatcher could hardly be expected to identify Gerhoch's quotations from St. John Damascene (iv.56; xxi.7-11), for the Cerbanus translation from which the passages are derived was still unknown at the beginning of the twentieth century. The references to Leo, Gregory, and Hilary in the next paragraph (iv.57) were not identified by Thatcher. He has nothing to say concerning that "disciple of Master Gilbert" (iv.58) whom more recent research has discovered to be Master Peter of Vienna. Thatcher's references to Pope Leo I (iv.60-61) had to be corrected. Two later references to Leo (iv.71 and 74) are ignored. Also ignored, on three occasions, is a sentence (iv.72; vi.3; xxii.10) derived from a liturgical hymn. Thatcher did not recognize a text (vi. 7) borrowed from Gennadius and a sentence (ix.3) borrowed from St. Gregory. He failed to note where Gregory speaks of the *diuinitas calciata* (vii.4) and where the texts from Leo (x.5) and Gregory (x.6) are to be found. Thatcher suspected that in xi.2 he was confronted with a piece of poetry but recognized neither its length nor its author (Notker).

Thatcher was not familiar enough with the writings of Gilbert of Poitiers to shed light on Gerhoch's chapter xii (*De personis*) where without mentioning a name Gerhoch discusses a statement (xii.7) found in Gilbert's commentary on St. Paul. Since he did not know Gilbert's works, it escaped Thatcher's attention that in the following chapter Gerhoch cites Gilbert's commentary on Boethius. It would seem that Thatcher did not even know that the commentary was available in the Migne collection. Gerhoch's reference to Epiphanius (xiv.1), obviously copied from Gilbert, puzzled Thatcher, who tells his readers that the works of Epiphanius are found in Migne's Greek Patrology.

The quotation from St. Augustine in the same chapter (xiv.5) should have been identified by Thatcher. He should also have noted that in the following chapter (xv.1) Gerhoch relied on Gilbert. Thatcher does not tell us where St. Leo speaks of *incorporea diuinitas* (xvi.7) or where he states: "ut...nichil desit humanum" (xvi.10) or where to find the Augustinian texts entitled: *De uerbis domini* (xvi.14 and 16). Chapter xviii consists of nothing but texts from Hilary, only one of which is tentatively (but wrongly) identified by the editor.

Thatcher did not succeed in verifying a text attributed to Bede (xx.4) and, to judge by his footnote, seems to have thought that *Maximus episcopus* was Augustine. The four excerpts (xx.5-8) are found in two homilies ascribed to a certain Maximus, bishop of Turin. Thatcher reveals no knowledge of the Boethian *opuscula sacra* quoted by Gerhoch (xxi.1-2). It has been stated earlier that Thatcher failed to note where Gerhoch found the long text from St. John Damascene (xxi.7-11) now attributed to St. Basil. Nothing is said about the sources of Gerhoch's texts (xxi.14) from Leo, Gregory, and Boethius.

The Abelardian influence shown in Gerhoch's discussion of the trinitarian ternaries (xxi.16-18) was unknown to Thatcher. So was the fact that Gerhoch borrowed some others from Gilbert (xxi.16). The texts from Gilbert's commentary criticized by Gerhoch in the next chapter (xxii.1-5) were just as unknown to the editor who even failed to recognize the Augustinian passage Gerhoch quotes later (xxii.11) or the *auctoritas* (Boethius) mentioned in the same chapter (xxii.13).

In the previous paragraph (xxii.12) the words "deus ita nunquam fuit non" are omitted and *procedens* is transcribed as *precedens*. Thatcher must have been quite unfamiliar with many liturgical texts such as *Pleni sunt celi et terra gloria tua* (xxiii.1; see xxi.19). He did not know the letter in which Pope Gregory instructs Archbishop Augustine of Canterbury (xxxvii.1) about tithes. He did not confirm Gerhoch's statement concerning the blessing of the paschal candle introduced by Zosimus (xxxix.2).

In the same chapter Gerhoch refers to a view expressed by Pope Gregory (xxxix.7). Thatcher passes over it in silence. He offers no comment on Gerhoch's massive attack on the Masters of France, especially Abelard and Gilbert (xli.2). He did not realize that, in the following chapter, Gerhoch quotes Gilbert's commentary on Boethius (xliii.3 and 8) and his gloss on St. Paul (xliii.4-5). Nothing is said about the texts copied from Boethius (xliii.14-16 and 18) and the problems concerning the *accidentalis conexio* discussed in the next chapter (xliv).

Gerhoch's remark that some of Origen's writings were not rejected by the Church (xlvii.4) is given the footnote: "Origen died 240." Not knowing that he was confronted with a liturgical text Thatcher did not notice that in the final chapter (xlix.1) the reading *sol et luna* is a scribal error for *sole luna*.

This rather tedious and unpleasant enumeration of shortcomings is not intended to downgrade Thatcher's work but to satisfy readers who may wonder why a new edition of Gerhoch's letter to Hadrian should be published.[4]

---

4 D. Van den Eynde, *L'oeuvre littéraire de Géroch de Reichersberg,* in: *Spicil. pontificii Athenaei Antoniani 11* (Romae 1957) 110 writes: "De toutes les oeuvres polémiques de Géroch, le *De nouitatibus* est sans contredit le plus passionné et le plus vindicatif. Ajoutons qu'il est également l'un des plus originaux". P. Classen (*Gerhoch* 420) states: "Eine kritische und kommentierte Ausgabe ... bleibt wünschenswert."

The Title of Gerhoch's Letter

Gerhoch's references to his letter to Pope Hadrian are not uniform. In his work entitled *De gloria et honore filii hominis* he states: "Similiter Adriano pape...presentatus est libellus ad ipsum dictatus in quo nouitates huius temporis magna ex parte congessi."[5] On another occasion he calls the same letter "opusculum contra nouitates et abusiones prauas contextum."[6] In a letter to Cardinal Henry he points out that he wrote about the novelties of his day in "opusculo ad papam Adrianum dictato."[7] The title *Liber de nouitatibus huius temporis* dates back to B. Pez. It is not found in the manuscript.

Historical Background and Purpose of the Letter

Our letter or rather epistolary treatise was presented to Pope Hadrian by Gerhoch's brother, Canon and Dean Rudiger, when the pope was in Benevento "negotiating a peace settlement between him and the Sicilian tyrant," William I (1154-1166). Since these negotiations took place in June 1156, it is considered likely that Gerhoch wrote the tract in the fall of 1155 or the first months of 1156.[8] The fact that no *dedicatio* precedes the work may be interpreted in the sense that it was meant to be read by the pope as well as by a wider audience. For that reason Gerhoch addresses not only the pope but also his own real or imaginary adversaries.

It is certain that the pope did not reply.[9] Gerhoch mentions at the beginning of the present letter that, at an earlier date, he had written a letter to Hadrian which the bishop of Bamberg, Eberhard II (1146-1170), handed to the pope.[10] If we consider that, as Gerhoch declares, the letter began with the words: "Tu es qui uenturus es an alium expectamus?" it is quite understandable that Bishop Eberhard returned to Bamberg without a papal reply.

Anastasius IV (1153-1154) whom Gerhoch once described as a "feeble old man"[11] had also failed to answer a letter addressed to him by Gerhoch. He attributed the silence of those popes to their heavy load of work: "Romanis autem pontificibus Anastasio et Adriano licet non nulla scripserim, nullum potui responsum ad questiones meas extorquere: puto non ob aliud nisi quia erant occupati et turbati erga plurima."[12]

---

5 *Liber de gloria et honore filii hominis*, prol. 6; PL 194, 1077D-1078A.
6 *Ep.* 21 (ad coll. cardinalium); PL 193, 578D.
7 *Ep.* 18 (ad Henricum cardinalem); PL 193, 571D.
8 Peter Classen, *Gerhoch von Reichersberg* (Wiesbaden 1960) 420.
9 *Liber de gloria*, prol. 6; PL 194, 1077D. MGH Lib. 3, 397.
10 *Liber de nouitatibus*, prol. 3.
11 *In Ps.* 65; PL 194, 119A. MGH Lib. 3, 493.
12 *Liber de gloria*, prol. 7; PL 194, 1078B. MGH Lib. 3, 397.

As it was customary for him, Gerhoch conceived and interpreted events and persons of his time as the fulfilment of some Old-Testament scene. Thus he visualized the Church as the House of Jacob entrusted to St. Peter and his successors. [13] Hence he admonishes Hadrian to take action against the "insanias clericorum seculariter plus quam laicaliter luxuriantium,"[14] in order to put into effect the statutes which Innocent and Eugene "quasi Moyses et Aaron" had passed "de concubinariis et conducticiis abiciendis, de falsis penitentiis cauendis, de clericis disciplinandis, de sanctimonialibus claustrali custodie mancipandis, de treuga seruanda et de ceteris ad decorem domus dei pertinentibus nouasque abusiones competenter medicantibus."[15]

In mentioning the *nouas abusiones* Gerhoch aimed at certain novel doctrines taught by Peter Abelard (d. 1142), Gilbert of Poitiers (d. 1154), and their disciples, all of whom he denounces as "coaceruatos illos magistros quorum doctrina non fulget ecclesia sed fumant scole plures in Francia et aliis terris."[16]

As early as 1126, during the pontificate of Honorius II (1124-1130), while he was in Rome, Gerhoch held a debate with Master Luitolf in the pope's presence. Many years later (1163-1164) he wrote to the College of Cardinals: "Primus in huiusmodi certamine astitit mihi beate memorie Honorius, cum in eius curia fuisset magister Luitolfus inter magistros Francie."[17] According to Gerhoch, Master Luitolf taught that Christ was the adopted Son of God the Father.[18] Gerhoch strongly objected to this doctrine. [19]

During another visit to Rome "a certain canon at the Lateran by the name of Adam who had recently emerged from the school of Master Peter Abelard tried to prove that part of Christ is God and part man." Gerhoch protested and declared that all of Christ is God and all of Christ is man.[20]

During the schism of Peter Leonis (1130-1138) Gerhoch expressed the view that priests in schism could not say Mass validly. He complains, however, that many opposed him on this point.[21] Among his opponents was St. Bernard with whom he discussed the matter in Bamberg (1135).

---

13 *Liber de nouitatibus* i, 3.

14 *Liber de nouitatibus,* prol. 2.

15 *Liber de nouitatibus,* prol. 5.

16 *Liber de nouitatibus* xlii, 1.

17 *Ep.* 21; PL 193, 576C. D. Van den Eynde, Du nouveau sur deux maîtres Lombards contemporains du Maître des Sentences, in: *Pier Lombardo* 2 (1953) 14-15 shows that Luitolf was one of Abelard's adversaries at the synod of Soissons in 1121. Cf. *Hist. calam.*; ed. J. Monfrin, in: *Bibl. des textes philos.* (Paris 1959) 83; ed. J. T. Muckle, in: *Mediaeval Studies* 12 (1950) 192.

18 *Ep.* 21; PL 193, 576C.

19 Ibidem.

20 *Ep.* 21; PL 193, 576D.

21 *Ep.* 21; PL 193, 577C.

As late as 1147 he wrote to St. Bernard in a vain attempt to have the abbot take sides with him.[22] Gerhoch claims that Pope Innocent II sided with him.[23]

There were several christological controversies in which Gerhoch was involved. In the first controversy, which took place about 1141, he rose to defend "istum deificum hominem."[24] He insisted that in speaking of Christ the word man was used of God in the proper sense and that the word God was used of man in the proper sense,[25] as he was "a deified man" or a man made God.[26] Gerhoch stressed this point against the disciples of Peter Abelard who taught that "the man Christ can be called God only in a figurative sense."[27]

When Gerhoch wrote his *De gloria et honore filii hominis* (1168) he yielded to the authority of St. John Damascene who disapproved of the term "deified man."[28]

In 1141 Gerhoch happened to obtain a copy of the commentary or gloss on St. Paul written by Gilbert of Poitiers. He soon discovered what he considered an insertion of a falsehood concerning the "assumed man."[29] In a gloss on Phil. 2:9 Gilbert, as Gerhoch asserts, denied that God bestowed upon the assumed man "the name that is above every name."[30] Gerhoch was well aware of the fact that Master Anselm (of Laon) had quoted the same passage, wrongly attributed to Ambrose.[31] Although Gerhoch calls Gilbert "mihi uenerabilem"[32] he roundly condemns those "new documents inserted in the glosses."[33]

---

22 *Ep. dedicatoria ad Bernardum* (MGH Lib. 3, 241) and *Ep. ad Bernardum*; ed. G. Hüffer, *Vorstudien zu einer Darstellung des Lebens und Wirkens des hl. Bernard von Clairvaux* (Münster 1886) 222-225. P. Classen, *Gerhoch* 78-89 and 128.

23 *Ep.* 21; PL 193, 577C. Classen, *Gerhoch* 126-128.

24 *In Ps.* 1, 3; PL 193, 638C: Rupertus, *De glorificatione* VI, 10; PL 169, 128B. Classen, *Gerhoch* 92.

25 *In Ps.* 1, 3; PL 193, 641A.

26 *In Ps.* 1, 3; PL 193, 645D.

27 P. Classen, *Gerhoch* 92-93. In his letter to Bernard (ed. G. Hüffer, *Vorstudien* 225) Gerhoch declares: "Mirati sumus ualde, pater sancte, in catalogo heresium Petri Abaiolardi hoc te pretermisisse quod dictis ac scriptis asseruit hominem de Virgine natum non proprie sed figuratiue dici deum neque Christum pro se toto sed pro parte dicendum deum, cum ille peruersus in nullo peruersius errasse inueniatur."

28 *Liber de gloria* 2; PL 194, 1082D.

29 *Libellus de ordine donorum*; Opera I, 71. A handwritten copy of Gilbert's commentary on Boethius annotated by Gerhoch is still extant in MS Vienna, Nat. Bibl. 1562. P. Classen, *Gerhoch* 435-438.

30 *Libellus de ordine donorum*; Opera I, 71. *Liber de gloria* 1, 3; PL 194, 1080B: "Quam doctrinam prauam ne ipsi uideamur finxisse atque aliis falso imposuisse, cum plures audierimus auctoritate magistri Giselberti hoc asserentes, ipsius uerba ponamus... Cf. V. Miano, Il comm. alle lettere di S. Paolo di Gilberto Porretano, in: *Scholastica ratione historico-critica instauranda: Bibl. pontificii Athenaei Antoniani* 7 (Romae 1951) 195.

31 *Libellus de ordine donorum*; Opera I, 71.

32 *Epistola ad P. philosophum*; Opera I, 361 (ed. P. Classen).

33 *Liber de nouitatibus*, xlv, 5.

In 1147 Gerhoch published a *Liber contra duas hereses*[34] in which, among other patristic authors, he quoted a work called *De dispensatione et beneficio nostre salutis*. It was a section of St. John Damascene's *De fide orthodoxa* recently translated into Latin by a Venetian, Cerbanus, living in Hungary. In Gerhoch's copy it was apparently attributed to St. Basil, and as a result he attributed quotations from the work to Basil.[35] When, many years later (1163), Gerhoch discovered that St. John Damascene was the author, he erased the name of St. Basil wherever found in his works and replaced it with the name of St. John Damascene. But the revision was not entirely successful. This is the reason why in his letter to Hadrian (iv.56) a long passage is rightly attributed to John Damascene and immediately followed by the exclamation: "Ecce audimus a Basilio ..."[36] Similar omissions of the correction occur in other parts of the letter.[37]

In the first part of his *Liber contra duas hereses* Gerhoch turns against the bishop of Bamberg, Eberhard II, who had found fault[38] with his interpretation of a doctrine of St. Hilary[39] and shown that Gerhoch was in conflict with "Athanasius" or the so-called Athanasian Creed.[40] Gerhoch touches upon this point briefly in his letter to Hadrian.[41]

At about the same time another adversary began to emerge: Master Peter of Vienna, a Frenchman and disciple of Gilbert's. Gerhoch wrote to this "great and new-fangled philosopher" about 1154 objecting to those "four unities in God that are distinct from one another."[42] In his letter Gerhoch upbraids Peter for acting like "another Heliu."[43] In our letter this Peter is meant by the remark: "Helyu turbulentus contra me exsurgit" (iv.21). It seems that Peter had accused Gerhoch of "the crime of idolatry."[44] A letter by Peter to Bishop Otto of Freising (1138-1158) and

---

34 PL 194, 1161-1184.

35 PL 194, 1171B.

36 P. Classen, Der verkannte Johannes Damascenus, in: *Byzantinische Zeitschrift* 52 (1959) 297-303. Idem, Aus der Werkstatt Gerhochs von Reichersberg, in: *Deutsches Archiv* 23 (1967) 61. N. M. Häring, The First Traces of the So-Called Cerbanus Translation of St. John Damascene, De fide orthod. III, 1-8, in: *Mediaeval Studies* 12 (1950) 214-216.

37 *Liber de nouitatibus* xxi, 6 and 13; xxii, 15.

38 *De Trin.* IX, 56; PL 10, 327A: "Glorificatus autem filius minor non est."

39 *Ep.* 16; PL 193, 552-564. *Ep.* 14 (Eberh. to Gerh.); PL 193, 532-541. Gerhoch's reply in PL 193, 541-552, PL 194, 1065B-1072D and *Scholastik* 13 (1938) 41-48.

40 *Symbolum Quicumque:* "Minor patre secundum humanitatem"; CCL 50A, 566.

41 *Liber de nouitatibus* iv, 40.

42 *Ep. ad P. philosophum*; Opera I, 360 (P. Classen).

43 Opera I, 365. According to Pope Gregory I this Eliu or Heliu was the personification of vanity. *Moral.* XXIII, 7; PL 76, 254B.

44 *Liber de nouitatibus* iv, 58. Of basic importance for the identification of Peter are two articles by H. Fichtenau: Ein französischer Frühscholastiker in Wien, in: *Jahrbuch für Landeskunde von Niederösterreich* NF 29 (1944-49) 118-130. The second article is entitled: Magister Petrus von Wien (gest. 1183), in: MIÖG 63 (1955) 283-297.

one by Gerhoch to the same Otto[45] were written during the year in which our letter was submitted to Hadrian (1156). In his letter to Otto Gerhoch attacks the "pestiferous" doctrine of a disciple of Master Gilbert,[46] accuses the "Gilbertini" of stealing[47] and identifies his adversary as "Peter, the disciple of Master Gilbert."[48] He tells Otto that Peter was an evil influence: "tamquam scorpionis cauda uenenum diffundit longe peruersius quam unquam in preteritis heresibus de Christo habitis legerimus."[49] In our letter Gerhoch assails with the same vigour Abelard, Bishop Gilbert, and schools in France and other countries: "scolas plures in Francia et aliis terris permaxime a duabus caudis ticionum fumigantium: uidelicet Petri Abaiolardi et episcopi Gilliberti."[50]

This survey of Gerhoch's controversies will enable the reader to form a clearer idea of the background Gerhoch had in mind when he decided to address the pontiff.

GERHOCH'S SOURCES

Little needs to be said about the sources used by Gerhoch, for they are indicated in the footnotes. Although, as a rule, Gerhoch took great pains to reveal his sources, it may come as a surprise that he inserted numerous passages without disclosing their origin. In this manner he copied passages from Paterius, Gilbert of Poitiers, Bernard of Clairvaux, and Rupert of Deutz.[51] In our letter we find excerpts from Bernard[52] and Rupert[53] whose names are not mentioned. In the same letter he attributes to his adversaries statements that are taken verbatim out of Gilbert's works.[54]

THE MANUSCRIPT

The scarcity of manuscripts containing works written by Gerhoch should be interpreted in the sense that his contemporaries were not particularly

---

45 Peter's letter has been edited by H. Weisweiler, in: *Scholastik* 13 (1938) 231-246. Gerhoch's letter is found in PL 193, 586-604. Cf. P. Classen, *Gerhoch* 368.
46 *Ep.* 23; PL 193, 587B.
47 *Ep.* 23; PL 193, 590C.
48 *Ep.* 23; PL 193, 589A.
49 *Ep.* 23; PL 193, 587A.
50 *Liber de nouitatibus* xlii, 1.
51 D. Van den Eynde, *L'oeuvre littéraire de Géroch* 348-396.
52 *Liber de nouitatibus* iv, 68-69.
53 *Liber de nouitatibus* xxiv, 2-6. P. Classen, *Gerhoch* 172.
54 *Liber de nouitatibus* xiii, 2 and xliii, 3.

anxious to copy and read Gerhoch's writings.[55] Most of his works have survived only at Reichersberg whose library suffered severe losses in the disastrous fire of 1624. Gerhoch's letter to Hadrian is extant in a single manuscript at the Benedictine library of Admont (Austria), Stifts-bibliothek 434, f. 76-158. The manuscript has been examined by Fichtenau[56] and P. Classen.[57] A very short "Excerptum ex Epistola ad Adrianum papam"[58] is found in MS Klosterneuburg (Austria), Stifts-bibliothek 345, f. 84v-85 (s. xii *ex.*). The *codex* contains Gilbert's commentary on Boethius. The excerpt, on the other hand, contains Gerhoch's comment on Gilbert's exposition of time and eternity in Boethius.[59]

In the handwritten catalogue of Admont Library, compiled in 1880-1887 by Jacob Wichner, volume 434 is described as "Gerhohi Reicherspergensis codex epistolaris."[60] An old inscription in the manuscript itself reads: "Epistola episcoporum de fide."[61] The codex is in reality a dossier of writings by Gerhoch and others connected with the christological debates. Its first part contains the correspondence between Bamberg and Salzburg (1163/4), the second between Reichersberg and Bamberg (1163/4), the third the letter to Hadrian (1156) with two letters written in the fifties, the fourth part contains Gerhoch's correspondence with the Roman curia (1163/4), the fifth three letters written by Gerhoch about 1155/58, the sixth his *Opusculum ad cardinales*, dated 1166.[62] The manuscript was not written in Reichersberg but in Admont.[63] For some unknown reason the copying was done in haste, for different gatherings were written by different scribes. Thus four scribes were employed in writing the first ten gatherings (f. 2-75v). Other scribes did gatherings 11-21 or the third part of the collection (f. 76-159v), two hands took care of gatherings 22-25 (f. 160-182v) or the fourth part. A new hand took over in gatherings 25-27 (182v-199v). The *Opusculum ad Cardinales* on gatherings 28-29 (f. 200-216v) may or may not have been copied by one of the other scribes. The actual number of the scribes involved is uncertain. Estimates

---

55 P. Classen, *Gerhoch* 312: "Die überwiegende Zahl seiner Werke ist nur in einer Handschrift überliefert, einige Werke in zweien". (313) "Von vielen Werken haben wahrscheinlich nie mehr Handschriften existiert, als heute noch erhalten sind."

56 Studien zu Gerhoch von Reichersberg, in: MIÖG 52 (1938) 41-43.

57 Aus der Werkstatt Gerhochs von Reichersberg, in: *Deutsches Archiv* 23 (1967) 59-74.

58 *Liber de nouitatibus* xliii, 8-19. H. Pfeiffer and B. Cernik, *Catalogus codicum manu scriptorum qui in bibl. canonum regularium s. Augustini Claustroneoburgi asservantur* 2 (Klosterneuburg 1931) 105-106.

59 N. M. Häring, *The Commentaries on Boethius by Gilbert of Poitiers*, in: *Studies and Texts* 13 (Toronto 1966) 21.

60 Handwritten catalogue, p. 191.

61 Cf. Gerlinde-Möser-Mersky, *Mittelalterliche Bibliothekskataloge Oesterreichs* III: Steiermark (Graz 1961) 30 and 55.

62 P. Classen, Aus der Werkstatt 60.

63 P. Classen, Aus der Werkstatt 64.

run as high as fifteen.[64] H. Fichtenau[65] has noticed and P. Classen[66] has confirmed the fact that Gerhoch himself made some corrections, mainly by adding missing words.[67] As a result the text is in almost perfect condition and required very few corrections. All of them are recorded in the footnotes. Since Gerhoch died on 27 June 1169 the *terminus ad quem* of the manuscript is well established. Considering the contents the approximate date of writing is 1164-1166.

It may finally be added that the letter to Hadrian is without a title in the manuscript. The chapter-headings, however, are found in the manuscript, but no chapter-numbers are given. Paragraph numbers have also been added in the present edition to make it easier to quote the text.

IMPORTANCE OF THE MANUSCRIPT

The great importance of the manuscript is revealed by the following detailed list of contents in which the folio numbers, author, edition, date, and section are given.[68]

---

64 P. Classen, Aus der Werkstatt 65.

65 H. Fichtenau, Studien zu Gerhoch von Reichersberg 42.

66 P. Classen, Aus der Werkstatt 64.

67 P. Classen, Aus der Werkstatt 72-74.

68 A complete list of letters and charters concerning Gerhoch is found in P. Classen. Aus der Werkstatt 89-92. A detailed analysis is provided by P. Classen, *Gerhoch* 327-406, which improves a similar list drawn up by D. Van den Eynde, *L'œuvre* 181-288.

folios	author	edition	date
2-3	Eberhard of Bamberg	PL 193, 495-496	1164
3-8v	Gerhoch	496-500	1163
8v-10v	Eberhard of Bamberg	500-501	1163
10v-24	Eberhard of Bamberg	501-514	1163
24-32v	Eberhard of Bamberg	514-521	1163
33-35	Gerhoch	PL 193, 521-524	1163
35v-40v	Eberhard of Bamberg	524-529	1163
41-41v	Gerhoch	529-530	1163
41v-44	Gerhoch	530-532	1163
44v-53	Eberhard of Bamberg	532-541	1163
53-62	Gerhoch	542-552	1163/4
62v-75v	Eberhard of Bamberg	552-564	1164
76-158	Gerhoch, *Liber de nouitatibus*		1156
158v-159	Gerhoch	MIÖG 6, 309-310	1154/9
159-159v	Bruno	MGH Lib. 3,398	1156/62
160-166	Gerhoch	PL 193, 564-570	1163/4
166-169	Gerhoch	570-573	1163/4
169-170	Gerhoch	573-574	1163/4
170v-172	Gerhoch	574-575	1163/4.
172-181	Gerhoch	575-585	1163/4
181-181v	Alexander III	PL 200, 228	1164
181v-182	Alexander III	PL 200, 289	1164
182	Card. Cencius	PL 193, 585	1164
182-182v	Card. Hyacinth	585-586	1164
182v-198	Gerhoch	PL 193, 586-604	1156
198-199	Gerhoch	604-606	1158
199-199v	Gerhoch	606-607	1155/6
200-216v	Gerhoch	Opera I, 311-350	1166

BIBLIOGRAPHY

I

Chronological list of Gerhoch's extant works

1. *Opusculum de aedificio dei;* ed. B. Pez, *Thes. anecd. novissimus* II,2 (**Augsburg** 1721) 275-436: PL 194, 1187-1336. Date: first redaction in 1128/9, second in 1138.
2. *Epistola ad Innocentium papam;* ed. B. Pez, *Thes.* II,2, 437-504: PL 194, 1375-1426. Date: spring of 1131.
3. *Liber de simoniacis*; ed. E. Martène and U. Durand, *Thes. novus anecd.* 5 (Paris, 1717) 1459-1496: PL 194, 1335-1372. Date: 1135.
4. *Expositio super canonem missae;* ed. D. Van den Eynde, *Gerhohi opera inedita* I, in: *Spic. Pont. Ath. Ant.* 8 (Rome 1955) 3-61. Probable date: 1135-1140.
5. *Libellus de ordine donorum sancti spiritus;* ed. D. Van den Eynde, *Gerhohi opera inedita* I, 65-165. Date: 1142.
6. *Tractatus in psalmos*

    Part I (Pss. 1-20); ed. B. Pez, *Thes.* 5 (Augsburg 1728) 1-350: PL 193, 619-988. Date: end of 1144 to beginning of 1146. Dedication to Archb. Eberhard of Salzburg in the summer of 1147.

    Part II (Pss. 21-30); ed. B. Pez, *Thes.* 5, 351-674: PL 193, 989-1316. Date: 1146. Dedication to Archb. Eberhard of Salzburg in 1148.

    Part III (Pss. 31-37); ed. D. Van den Eynde, *Gerhohi opera inedita* II, 1-2, *Spicil.* 9-10 (Rome 1956) 3-667. Date: 1147. Dedication to Kuno of Chiemsee 1149-1152.

    Part IV (Pss. 38-43); ed. B. Pez, *Thes.* 5, 733-916: PL 193, 1371-1564. Date: 1148.

    Part V (Pss. 44-50): lost.

    Part VI (Pss. 51-64); ed. B. Pez, *Thes.* 5, 965-1258: PL 193, 1609-1814 and PL 194, 9-118. Date: about 1152-1153.

    Part VII (Pss. 65-74); ed. B. Pez, *Thes.* 5, 1259-1524: PL 194, 117-390. Date: completed before 1157/8.

    Part VIII (Pss. 75-77); ed. B. Pez, *Thes.* 5, 1525-1620: PL 194, 389-486. Date: 1158/9.

    Part IX (Pss. 78-117); ed. D. Van den Eynde, *Gerhohi opera inedita* II, 2, 672-721. Date: 1167.

    Part X (Pss. 118-150); ed. B. Pez, *Thes.* 5, 1877-2150: PL 194, 729-998. Date: 1159-1167.

    Part XI (*Cantica ferialia*); ed. B. Pez, *Thes.* 5, 2151-2220: PL 194, 997-1066. Date: end of 1165 to beginning of 1166.

7. *Liber contra duas hereses*; ed. B. Pez, *Thes.* I, 2 (Augsburg 1721) 283-319: PL 194, 1161-1184. Date: February to March 1147.
8. *Tractatus in psalmum lxiv;* ed. E. Baluze, *Miscell.* 5 (Paris 1700) 63-235: PL 194, 9-120. Ed. B. Pez, *Thes.* 5, 1153-1258. Three redactions dated 1151, 1153, and 1158 respectively.

9. *Liber de nouitatibus huius temporis*; ed. O. J. Thatcher, in: *The Decennial Publications of The University of Chicago* First Series 4 (Chicago 1903) 184-238 (of the volume) and 36-88 (of Thatcher's contribution to the volume). Date: Fall 1155 or the early months of 1156.

10. *Liber de laude fidei*; ed. D. Van den Eynde, *Gerhohi opera inedita* I, 169-276. Date: 1158/9.

11. *De inuestigatione antichristi*, second redaction (the first redaction is lost); ed. J. Gretser, *Opera* 6 (1735) 245-263 (incomplete): PL 194, 1445-1480. Complete edition by F. Scheibelberger, *Gerhohi Reichersb. praepositi opera omnia hactenus inedita* 1 (Linz 1875). Date: 1160/2.

12. *Tractatus contra Grecorum errorem*; ed. F. Scheibelberger, *Gerhohi opera* 1, 341-357. Date: about 1162/3.

13. *De gloria et honore filii hominis*; ed. B. Pez, *Thes.* I, 2, 164-280. A. Galland, *Bibl. vet. Patrum* 14 (Venice 1781) 595-632: PL 194, 1073-1160. Date: 1163.

14. *Utrum Christus homo sit filius dei et deus natura an gratia*; ed. D. Van den Eynde, *Gerhohi opera inedita* I, 279-308. Date: 1164/5.

15. *Opusculum ad cardinales*; ed. D. Van den Eynde, *Gerhohi opera inedita* I, 311-350. Date: 1166.

16. *De quarta uigilia noctis*; ed. F. Scheibelberger, Zwei ungedruckte Schriften Gerhochs von Reichersberg, in: *Oesterr. Vierteljahresschrift für kath. Theologie* 10 (1871) 569-606. Date: not before September or October 1167.

17. *(De uerbis Athanasii in symbolo)*; ed. F. Scheibelberger, Zwei ungedruckte Schriften 565-568. Date: fall of 1167.

18. *Epistolae* (28); ed. B. Pez, *Thes.* I, 2, 329-335: *Thes.* VI, 1 (Augsburg 1729) 486-608: PL 193, 489-618. H. Weisweiler, in: *Scholastik* 13 (1938) 41-48. Concerning dates consult P. Classen, *Gerhoch* 327-406.

II

Works dealing with Gerhoch

BACH, J. Propst Gerhoch I. von Reichersberg, ein deutscher Reformator des 12. Jahrhunderts, in: *Oesterr. Vierteljahresschrift für kath. Theologie* 4 (1865) 19-118.

CLASSEN P. Zur Geschichte der Frühscholastik in Oesterreich und Bayern, in: MIÖG 67 (1959) 249-277.

— , Der verkannte Johannes Damascenus, in: *Byzantinische Zeitschrift* 52 (1959) 297-303.

— , Gerhoch von Reichersberg und die Regularkanoniker in Bayern und Oesterreich, in: *Atti della Settimana di Studio sulla la vita comune del clero nei secoli xi e xii* (Milan 1960) 304-340.

— , *Gerhoch von Reichersberg. Eine Biographie* (Wiesbaden 1960).

— , Aus der Werkstatt Gerhochs von Reichersberg, in: *Deutsches Archiv* 23 (1967) 31-92.

FICHTENAU, H. Studien zu Gerhoch von Reichersberg, in: MIÖG 52 (1938) 1-56.

GRISAR, H. Die Investiturfrage nach ungedruckten Schriften Gerhochs von Reichersberg, in: *Zeitschr. für kath. Theol.* 9 (1885) 536-553.

GRÖSSLHUBER, Z. Gerhoh von Reichersberg. Ein Kulturbild aus dem 12. Jahrhundert, in: *Rieder Heimatkunde* 17 (Ried 1930).

GÜNSTER, J. *Die Christologie des Gerhoh von Reichersberg* (Münster 1940).

—, Der ungedruckte Teil einer Denkschrift Gerhohs von Reichersberg, in: *Scholastik* 30 (1955) 215-228.

HÄRING, N. M. The First Traces of the So-called Cerbanus translation of St. John Damascene, in: *Mediaeval Studies* 12 (1950) 214-216.

—, Two Austrian Tractates against the Doctrine of Gilbert of Poitiers, in: *Archives d'hist. doctr. et litt. du moyen âge* 32 (1965) 127-167: probably written by Gerhoch.

—, Gerhoch of Reichersberg and the Latin Acts of the Council of Ephesus (431), in: *Rech. de théol. anc. et médiévale* 35 (1968) 26-34.

HÜFFER, G. Handschriftliche Studien zum Leben des hl. Bernard von Clairvaux, in: *Hist. Jahrbuch* 6 (1885) 232-270.

JACOBS, H. H. Studien über Gerhoh von Reichersberg. Zur Geistesgeschichte des 12. Jahrhunderts, in: *Zeitschr. für Kirchengeschichte* 50 (1931) 315-377.

JAKSCH, A. von. Zu Gerhoch von Reichersbergs Schrift "Adversus simoniacos", in: MIÖG 6 (1885) 251-269.

KALTNER, B. Folmar von Triefenstein und der Streit Gerhochs mit Eberhard von Bamberg, in: *Theol. Quartalschrift* 65 (1883) 523-552.

KURTH, O. Ein Brief Gerhohs von Reichersberg, in: *Neues Archiv* 19 (1894) 462-467.

LANGOSCH, K. Gerhoh von Reichersberg, in: *Verfasserlexikon* 3 (1943) 1022-1040 and 5 (1955) 950.

LUBAC, H. de. La "res sacramenti" chez Gerhoch de Reichersberg, in: *Etudes de critique et d'histoire religieuses (Bibl. de la Faculté cath. de Lyon* 2, 1948) 35-42.

MEUTHEN, E. Kirche und Heilsgeschichte bei Gerhoh von Reichersberg, in: *Studien und Texte zur Geistesgeschichte des Mittelalters*, ed. J. Koch 6 (Leiden (1959).

MÜHLBACHER, E. Gerhohi Reichersbergensis ad cardinales de schismate epistola, in: *Archiv für österr. Geschichte* 47 (1871) 355-382.

—, Ein Brief Gerhochs von Reichersberg, in: MIÖG 6 (1885) 307-310.

NOBBE, H. F. A. *Gerhoh von Reichersberg. Ein Bild aus dem Leben der Kirche im 12. Jahrhundert* (Leipzig 1881).

RADER, M. Gerochus seu Gerhohus, in: *Bavaria sancta* 2 (1624) 287-301.

RIBBECK, W. Gerhoh von Reichersberg und seine Ideen über das Verhältnis von Staat und Kirche, in: *Forschungen zur deutschen Geschichte* 24 (1884) 1-80.

—, Noch einmal Gerhoh von Reichersberg, in: *Forsch. zur d. Geschichte* 25 (1885) 556-561.

ROCHOLL, E. Gerhoh von Reichersberg, in: *Realenc. für Prot. Theol. und Kirche* 6 (Leipzig 1899) 565-568.

SCHEIBELBERGER, F. Zwei ungedruckte Schriften Gerhohs von Reichersberg, in: *Oesterr. Vierteljahresschrift für kath. Theol.* 10 (1871) 565-605.

SHEEDY, C. E. Gerhoh of Reichersberg, in: *New Cath. Encycl.* 4 (New York 1967) 383.

SCHRÖDER, A. Notar Rudiger. Ein Domherrnleben aus dem 12. Jahrhundert, in: *Archiv für die Gesch. des Hochstifts Augsburg* 6 (1929) 819-835.

STÜLTZ, J. Propst Gerhoch I. von Reichersberg, in: *Denkschriften der k. Akademie der Wissenschaften, phil.-hist. Kl.* 1 (Vienna 1850) 113-166.

—, Des Propstes Gerhoh von Reichersberg Abhandlung "de investigatione Antichristi", in: *Archiv für österr. Geschichte* 20 (1859) 127-188.

STURMHÖFEL, K. *Der geschichtliche Inhalt von Gerhohs von Reichersberg 1. Buche über die Erforschung des Antichrist* (Programm Leipzig 1887).

— , *Gerhoh von Reichersberg über die Sittenzustände der zeitgenössischen Geistlichkeit* (Programm Leipzig 1888).

VAN DEN EYNDE, D. Ein Brief Gerhohs von Reichersberg in der Elbracher Briefsammlung Vat. lat. 4926, in: *Scholastik* 29 (1954) 88-90.

— , A propos du premier écrit christologique de Géroh de Reichersberg, in: *Antonianum* 30 (1955) 119-156.

— , *L'œuvre littéraire de Géroch de Reichersberg,* in: *Spic. Pont. Athenaei Anton.* 11 (Rome 1957).

WEISWEILER. H. Drei unveröffentlichte Briefe aus dem christologischen Streit Gerhohs von Reichersberg, in: *Scholastik* 13 (1938) 22-48.

— Das wiedergefundene Gutachten des Magister Petrus über die Verherrlichung des Gottessohnes gegen Gerhoh von Reichersberg, in: *Scholastik* 13 (1938) 225-246.

— , Rudiger von Klosterneuburg an der Seite seiner Brüder Gerhoh und Arno von Reichersberg im christol. Streit um die Verherrlichung des Gottessohnes, in: *Scholastik* 14 (1939) 22-49.

LIST OF ABBREVIATIONS

CCL   *Corpus Christianorum*, series latina (Turnholt 1954 ss.)

COD   *Conciliorum oecumenicorum decreta* (Barcelona 1962)

CSEL   *Corpus scriptorum ecclesiast. lat.* (Vienna 1866 ss.)

Grisar   H. Grisar, Die Investiturfrage nach ungedruckten Schriften Gerhohs von Reichersberg, in: *Zeitschr. für kath. Theol.* 9 (1885) 536-553.

JL   Ph. Jaffé (*et al.*), *Regesta Pontificum Romanorum* 1-2 (Berlin 1888).

Mansi   Giovanni Dom. Mansi, *Sacrorum Conciliorum nova et amplissima collectio* 1-31 (Florence and Venice 1759-1798).

MGH   *Monumenta Germaniae Historica* (1826 ss.)

MIÖG   *Mitteilungen des österr. Instituts für Geschichtsforschung* (1879 ss.).

MS   manuscript.

Opera   D. Van den Eynde (*et al.*), *Gerhohi Praepositi Reichersbergensis opera inedita* I and II, 1-2, in: *Spicilegium Pontificii Athenaei Antoniani* 8-10 (Rome 1955-1956).

PL   J. P. Migne, *Patrologiae cursus completus*, series latina 1-221 (Paris 1841-1864).

Sackur   Gerhohi praepositi Reichersbergensis libelli selecti; ed. E. Sackur, in: MGH *Libelli de lite* 3 (Hanover 1897) 131-525.

LIBER DE NOVITATIBVS HVIVS TEMPORIS

(*Prologus*)

1 Ad te, Romane Pontifex Adriane, patrem et dominum meum loquar, cum sim puluis et cinis, ausu loquendi non temerario sed, ut arbitror, necessario. Denique in hoc tempore apostolatus tui non solum flumina 5 secularis concupiscentie regnantis in clero absque regulis tam sinodalibus quam cenobitalibus conuersante illiduntur domui dei supra petram fundate, Petro commisse, sed et uentorum nimius impetus ipsa domus huius fundamenta per quorundam uentosam loquacitatem subuertere nititur.

2 Et quidem contra insanias clericorum seculariter ac plus quam 10 laicaliter luxuriantium et gratiam domini transferentium in suas luxurias, dum peruerse consumunt facultates ecclesiasticas, iam saluberrima decreta promulgata sunt in conciliis ac decretis predecessorum tuorum clericos incestuosos et ambitiosos dampnantium et interdicentium quorum crimina manifesta sunt precedentia ad iudicium ita ut eos accusari ac 15 testibus conuinci non sit magis necessarium quam fornicatorem illum publicum quem Paulus Apostolus iudicauit non tam examinandum quam dampnandum et quasi uetus fermentum expurgandum (f. 76v).

3 Que nimirum decreta si manciparentur effectui contra illisiones fluminum domui dei sicut apparet illisque satis utiliter esset consultum. 20 Super quibus aut effectui mancipandis aut eorum preuaricatoribus et neglectoribus digne castigandis memini a mea paruitate directam epistolam quam et cognoui per domnum Babenbergensem sancto apostolatui tuo presentatam cuius initium fuit : *Tu es qui uenturus es an alium expectamus ?* 25

4 Expectamus enim sicut illic partim significauimus, partim prudentie tue per se animaduertendum reseruauimus, talem sedis apostolice antistitem cui uidelicet uelut alteri Iosue dicat dominus: *Confortare et esto robustus. Tu enim introduces populum meum in terram lacte et melle manantem.*

3 Ad te: MS Admont, Stiftsb. 434, f. 76-158 (s. xii).　7 petram: Mt 7, 25 and 16, 18.　15 crimina: 1 Tim 5, 24.　18 fermentum: 1 Cor 5,5.　23 Babenbergensem: Eberhard II (1147-70). Cf. P. Classen, *Gerhoch* 361 (PL 193, 489B).　25 expectamus: Lk 7, 19. The letter is lost P. Classen, *Gerhoch* 361.　29 manantem: Dt 31, 7.

5   Talem terram in suis decretis Innocentius et Eugenius, egregii 30
predecessores tui, quasi Moyses et Aaron preostenderunt sed morte
preuenti non introierunt neque introduxerunt populum dei in eam: non
ualentes in diebus suis effectui mancipare que statuerant de concubinariis
et conducticiis abiciendis, de falsis penitentiis cauendis, de incendiariis
puniendis, de clericis disciplinandis, de sanctimonialibus claustrali 35
custodie mancipandis, de treuga seruanda et de ceteris (f. 77) ad decorem
domus dei pertinentibus nouasque abusiones competenter medicantibus.

6   Quia ergo *uerbum de ore dei* per Petri successores *egressum non reuertetur
ad eum uacuum sed faciet quecumque uoluit et prosperabitur in his ad que missum
est*, pusille fidei arguendi sumus nisi mandata sedis apostolice salubriter 40
emissa credamus effectui quandoque mancipanda ita ut aut flectant aut
frangant: flectant consentaneos ad obedientiam, frangant aduersarios ad
penam.

I

De uerbo dei uictorioso   45

1   *Sic omne uerbum quod natum et egressum est a deo uincit mundum. Et hec est
uictoria que uincit mundum fides nostra* qua credimus non esse impossibile
apud deum omne uerbum de ipso natum et, celis enarrantibus, mundo an-
nuntiatum.

2   Nonne in omnem terram exiuit sonus memoratorum sedis apostolice 50
mandatorum? Nonne celi erant ipsi enarrantes gloriam dei ad decorem
domus dei? Sed sunt quidam qui non credunt possibilia que ipsi annuntia
uerunt observanda quos non tam pusille seu modice quam uel minime uel
nullius fidei arguendos estimo, utpote non credentes neque deo neque ip-

---

30 Innocentius: Innocent II (1130-43).   Eugenius: Eugene III (1145-53).   33 concubinariis:
Second Lateran Council (1139) c. 6; Mansi 21, 527CD. COD 174.   34 conductitiis: Second Lateran
Council (1139) c. 25; Mansi 21, 532D. COD 178. "Conducticius est procurator plebis uel minister altaris
qui, canonica positione minus accipiendo, subiectione indebita munus ab obsequio suo conductori per-
soluit." (Du Cange).   penitentiis: Second Lat. Council (1139) c. 22; Mansi 21, 532C. COD
178.   incendiariis: Second Lat. Council (1139) c. 18 or Council of Reims (1148) c. 15; Mansi 21,
531A and 717C. COD 177.   35 disciplinandis: Council of Reims (1148) c. 2 and c. 3; Mansi 21,
714BD.   36 mancipandis: Council of Reims (1148) c. 4; Mansi 21, 714D. treuga: Second Lat. Council (1139) c. 12; Mansi 21, 529C. COD 175.   39 missum: Isa 55, 2.   40 pusille: Lk 12, 28.   43
penam: Sackur 289.   45 uictorioso: P. Classen, *Gerhoh* 174 writes: "Die Rubriken des Textes, die in den
Ausgaben als Kapitelsüberschriften erscheinen, dienen weniger der Gliederung als dem Hinweis auf ein-
zelne Stellen, biblische Bilder u. s. w. Ob sie von Gerhoch selbst herstammen, ist sehr
zweifelhaft."   47 nostra: 1 Jn 5, 4.   impossibile: Lk 1, 37.   50 sonus: Ps 18, 5.   51 celi: Ps 18,
2.   52 domus: Ps 25, 8.   54 fidei: Lk 12, 28.   archangelo: Lk 1, 26.

sius archangelo qui cum Virginis conceptum prenunciasset simulque con- 55
ceptum sterilis iam preteritum annunciasset, consequenter de (f. 77v)
ceteris a se prenuntiatis adiunxit quia *non erit impossibile apud deum omne
uerbum.*

3   Ergo iuxta uerbum ipsius Christus *regnabit in domo Iacob in eternum et
regni eius non erit finis.* Domus uero Iacob recte intelligitur sancta ecclesia, 60
beato Petro uelut alteri Iacob credita, quippe ut in ueteri testamento, cum
sint aliquibus personis nomina uel posita ut Ysaac uel aucta ut Abrahe uel
minuta ut Sare, nulli omnino inter omnes illius temporis electos nomen
legitur omnino mutatum excepto solo Iacob cui dictum est: *Non uocaberis
ultra Iacob sed Israel erit nomen tuum,* sic et in nouo testamento soli Petro 65
nomen est mutatum dicente ad eum domino: *Symon Bar Iona, tu uocaberis
Cephas quod interpretatur Petrus.*

II
De nomine Petri

1   Ex qua ratione haut incongrue successoribus eius noua nomina 70
ponuntur, cum in sedem ipsius intronizantur. Ille in fortitudine luc-
taminis directus ad angelum talem obtinuit benedictionem ut ei diceretur
quoniam, si contra deum fortis fuisti, quanto magis contra homines
preualebis.

2   Iste in fortitudine fidei roboratus audiuit sibi a domino dici: *Tu es 75
Petrus et super hanc petram edificabo ecclesiam meam et porte inferi non
preualebunt aduersus eam.* Ille Rachelem propter eius pulchritudinem (f. 78)
plus amauit sed Liam noctu suppositam propter ipsius fecunditatem
patienter tolerauit.

3   Iste in monte, transfigurato domino, quasi conspecta Rachelis 80
pulchritudine, uoluerat semper illic manere dicens, *Domine, bonum est nos
hic esse.* Coactus tamen est ad inferiora descendens quasi Lyam tolerare
uisionemque Rachelis in monte sibi demonstratam nemini dicere, nisi
peracta dominica resurrectione. Ille propter lasciuam filiam stupro
deprauatam et indisciplinatos filios inordinatos eiusdem stupri ultores tur- 85

---

57 impossibile: Lk 1, 37.   60 finis: Lk 1, 33.   62 Ysaac: Gen 17, 19.   Abrahe: Gen 17.
5.   63 Sare: Gen 17, 13.   65 tuum: Gen 32, 28.   67 Petrus: Jn 1, 42.   73 angelum: Gen 32,
24.   74 preualebis: Gen 32, 28.   77 eam: Mt 16, 18.   78 Liam: Gen 29, 35.   80 monte: Mt
17, 2. iste... ueritatis prefiguratione: Sackur 290.   82 esse: Mt 17, 1.   84 lasciuam: lasciuiam MS.

batus et a mansione sibi dilecta Sichem fugatus est quos etiam uasa
iniquitatis nominat.

4   Iste propter populum Romanum auaricie spiritu constupratum et filios
quosdam Symeoni ac Leui uasis iniquitatis bellantibus assimilatos coactus
est non nunquam et cogitur adhuc in suis successoribus fugere ab urbe 90
Roma, derelicta interdum sede sibi dilectissima.

5   Propter quod sicut ille in benedictione xii filiorum suorum de Symeon
et Leui dixit: *Maledictus furor eorum quia pertinax et indignatio eorum quia dura,*
depromens uidelicet maledictionem pro benedictione sic et Petrus
Symonem magum sua maledictione in urbe Roma deiecit et quiuis Petri 95
sucessor quemuis eiusdem Symonis (f. 78v) magi successorem iusto zelo
habet maledicere atque a benedictione bonorum filiorum scelus auaricie
atque symonie odientium secernere.

6   Atque utinam tu, Adriane, successor Petri apostoli, zelo debito ac-
cendaris contra successores Symonis magi negociantes in domo domini. 1
Certe ut de illis taceam quorum plaga circumligata neque uideri neque
curari potest ab hominibus quosque sibimet iudicandos reseruat iudex
altissimus in ecclesiis matricibus *uulnus et liuor et plaga tumens* abscondi
non potest, utpote neque *circumligata neque fota oleo* ubi absque uelamine 5
sine pietatis tam uirtute que oleum est, quam specie, que uelamen est,
conductores ecclesias plebales et prebendas habentes cum suis conducticiis ita manifeste negotiantur, altaria dei uertentes in mensas num-
mulariorum ut eorum peccata manifesta sint precedentia ad iudicium.

7   Huc accedit quod, in solitudinem redactis eorum dormitoriis, in 10
cubilibus et inpudiciciis ita uiuunt ut nec uiduas deo deuotas apostolus
concedat sic uiuere contestans quod uidua in deliciis uiuens mortua est. At
isti non solum in delicias uerum et in luxuriam transferunt gratiam
domini nostri (f. 79) Iesu Christi. Quid ad hec facere credendus est rex ille
qui, attestante angelo, *regnabit in domo Iacob in eternam et regni eius non erit* 15
finis? Profecto non aliud faciet in ueritatis conpletione quam preordinatum
est in ipsius ueritatis prefiguratione.

86 fugatus: Gen 34, 1.   91 Roma: P. Classen, *Gerhoch* 181-182.   93 dura: Gen 49, 11,   95
magum: Acts 8, 9-24. R.A. Lipsius, *Acta App. apocr.* 1 (Darmstadt 1959) 54-78.   2 plaga: Isa 1, 6   4
tumens: Isa 1, 6.   8 mensas: Mt 21, 12.   9 manifesta: 1 Tim 5,24.   16 finis: Lk 1. 33.

III
De Ruben primogenito Lye

1   Denique sicut Ruben cum esset prior in donis maior imperio, utpote 20
primogenitus Iacob de Lia cui sacerdotalis et imperialis honor debebatur,
tamen quia effusus est sicut aqua dum per innocentiam ascendit cubile
patris sui et maculauit stratum eius, dormiendo scilicet cum Balam con-
cubina patris sui, patriarche Iacob, pro benedictione meruit maledictionem, ita et isti suo arbitratu benedicti coram domino maledicti sunt. 25

2   Dixit enim pater Iacob: *Ruben primogenitus meus, tu fortitudo mea, principium doloris mei, prior in donis, maior imperio, effusus es sicut aqua. Non crescas
quia ascendisti cubile patris tui et maculasti stratum eius.* Quod dicit: *tu fortitudo
mea, prior in donis, maior imperio,* grauissima est yronia et inproperatio de
amisso tante dignitatis titulo qui ei tamquam (f. 79v) primogenito 30
debebatur si non ascendisset cubile patris sui et maculasset stratum eius.

3   Propterea sicut pro benedictione reputatur quod bonis filiis Noe dictum est: *Crescite et multiplicamini et replete terram sitque terror uester super
cuncta animantia et bestias terre* sic pro maledictione reputatur quod ad
Ruben dixit Iacob: *Non crescas.* Cui simile est quod Moyses dixit: *Viuat* 35
Ruben sitque paruus in numero. O utinam et nunc in domo Iacob simile
iudicium procedat contra istos Rubenitas qui ascenderunt cubile patris et
maculauerunt stratum eius.

4   Ascenderunt, inquam, per ambitionem et maculauerunt per prauam
conuersationem. Ascenderunt aliunde non per ostium intrantes in 40
ouile ouium et maculauerunt ipsum ouile turpiter uiuendo, peruerse
docendo seu — quod nequius est — ipsas oues perdendo et mactando:
perdendo sibi consentientes, mactando et persequendo contradicentes.

5   Tales fere per totam Germaniam et Galliam sunt kathedrales clerici et
eorum conducticii. Quibus iam frequenter in domo Iacob dictum est ut 45
non crescerent, ne uidelicet quisquam eorum in una ministrans ecclesia se
superextendat ad ministrandum (f. 80) in alia. Sed sit quisque contentus
uel una prebenda uel una plebali ecclesia, cum unaqueque ecclesia, cui
facultas suppetit, suum debeat habere sacerdotem similiterque unaqueque

---

20 prior: Gen 9, 1-2.   28 eius: Gen 49, 3-4.   34 terre: Dt 33, 6.   35 crescas: Gen 49, 4.
numero: Dt 33, 6.   41 ouile: Jn 10, 1.   44 Tales... a cepta malicia: Sackur 175.   48 plebali:
The author of the *Annales Reichersb.* (MGH SS 17,448) speaks of "ecclesia plebalis" which Du Cange (s.
v. plebes) describes as "plebalis seu parochialis." As early as 876 "ecclesie baptismales quas plebes ap-
pellant" are recorded (Mansi 17, 164D).

congregatio debeat esse contenta uno cenobio, ne in pluribus cenobiis uel 50
certe — ut uerius dicamus — in pluribus synagogis unus clericus abutatur
multis prebendis.

6   Item in concilio pape Innocentii, precipiente ipso cum assensu
episcoporum et aliorum patrum assidentium, prohibiti sunt crescere dum
sub anathemate interdictum est *ne canonici de sede episcopali ab electione* 55
episcoporum excludant religiosos uiros per episcopatum constitutos *sed eorum*
consilio honesta et ydonea persona in episcopum eligatur. Quod si exclusis eisdem
religiosis electio fuerit celebrata quod absque eorum assensu et coniuentia factum
fuerit, irritum habeatur et uacuum.

7   Sic in synodo Lateranensi tanquam in domo Iacob dictum est ut hi 60
tales non crescant. Sed ipsi tamen crescunt et multiplicari non desinunt
nisi adhuc fortius dicatur id ipsum scilicet ut non crescant. Quomodo, ait
quis, hoc fortius dici potest quam dictum est? Synodalibus edictis et
decretalibus mandatis quid fortius (f. 80v) dicendum est?

8   Hoc profecto quod ante sugessi beate memorie pape Eug(enio) 65
quodque in libello *De consideratione* suggestum est eidem per sancte
recordationis uirum abbatem Clareuallensem ut uidelicet perquisitis
neglectoribus episcopis malos perdat et uineam suam locet aliis agricolis
qui reddant fructum temporibus suis mandata sedis apostolice seruando et
tam cenobia quam plebales ecclesias rationabiliter ordinando.   70

9   Amplius adhuc fortius dicendum est ut Rubenite isti non crescant.
Quia enim semel et simul auferri non possunt isti occupatores terre
sancte, qui in terra sanctorum inique agunt ac propterea non uidebunt
gloriam domini, firmiter indicendum est episcopis ne, aliquibus eorum
decedentibus, eorum consimiles in eorum loca subrogentur sed ab eis 75
liberata stipendia in usus deo regulariter seruientium et aliorum Christi
pauperum dispensentur sicut martyr et papa Vrbanus in suis decretis
mandat dicens:

10   *Ipse res singularum parrochiarum in ditione episcoporum, qui locum tenent*
apostolorum, erant et sunt usque adhuc et futuris semper debent esse temporibus ex 80
quibus episcopi et fideles eorum dispensatores omnibus communem uitam degere
uolentibus (f. 81) ministrare cuncta necessaria debent prout melius potuerint ut
nemo in eis egens inueniatur.

56 per: per episcopatum constitutos *add Gerhoch.*   59 uacuum: Second Lat. Council (1139) c. 28;
Mansi 21, 533C. COD 178.   60 Lateranensi: held in 1139.   66 libello: *De cons.* III, 4, 14; PL 182,
766A; ed J. Leclercq and M. H. Rochais, *S. Bernardi opera* 3 (Rome 1963) 441. P. Classen, *Gerhoch*
174.   69 fructum: Lk 20, 16.   73 agunt: Prov 2, 22.   77 Vrbanus: *Decreta Vrbani* 3; ed. P. Hinschius, *Decretales Pseudo-Isidorianae* (Leipzig 1863) 144.

11   Ecce audiuimus consolationem dispositam per apostolos et apostolicos uiros omnibus communem uitam eligentibus. Videmus autem 85 e contrario magnam desolationem cum stipendia spiritualis militie ac regularis uite in seculares uanitates translate illis abundant qui exinde huic seculo militant atque illi egentes angustiati et afflicti sunt quibus dignus non est mundus.

12   Adhuc autem si adtenderis, abhominationes maiores uidebis. Nam 90 cum sit magna desolatio qua exposuimus auferri stipendia debita deo militantibus in communi uita et ad hos transferri qui exinde militant huic seculo, illud procul dubio abhominatio desolationis est quod monachi et regulares canonici de agris aut uineis aut nutrimentis animalium suo sumptu elaboratis coguntur soluere decimas aut militibus aut secularibus 95 clericis contra canones antiquos et nouos.

13   Nam de antiquis est illud Vrbani quod premisimus cui multa similia inuenire potest lector studiosus. De nouis autem illa sunt que in conciliis Innocentii (f. 81v) et Eug(enii) super hoc habemus. Atque ut in ore non solum duorum sed et trium testium stet hoc iustitie uerbum, tuo   1 quoque, Adriane papa, statuto indigemus quia, defuncto papa Eugenio, putatur a stultis mandatum eius pariter cum illo defunctum de decimis regularium canonicorum et monachorum non persoluendis ubi manibus et sumptibus propriis elaborant suas terras.   5

14   Nam de colonis eorum nulla est contradictio quin illi de suis fructibus atque fetibus illuc persoluere suas decimas debeant ubi suos infantes baptizant, metentibus illis eorum carnalia qui eis persoluunt spiritalia, spirituales autem uiri monachi et regulares canonici, qui a plebanis presbyteris nulla requirunt spiritualia, nimis iniuriose coguntur eis per- 10 soluere carnalia.

15   O mira desolatio et detestabilis abhominatio desolationis cum illi, quibus de decimis populi esset impendenda consolatio, angariantur secularibus personis de suis laboribus decimas dare quas potius, episcopo dispensante, ipsi ab eis ad sui consolationem deberent accipere. Latuit 15 hactenus ista desolationis abhominatio quasi uulpecula foueas habens dum ueluti sub pallio iusticie pharisaice que mentam et rutam et omne holus (f. 82) addecimans grauiora legis, iusticiam scilicet ac misericordiam et fidem, preterire solet sic districte ab omnibus exigebantur decime ut nec

89 mundus: Heb 11, 38.   92 militantibus: 2 Tim 2, 4.   93 desolationis: Mt 24, 15.   99 Innocentii: Second Lat. Council (1139) c. 10; Mansi 21, 528E. COD 175. Eugenii: Council of Reims (1148) c. 8; Mansi 21, 716A.   1 testium: Mt 18, 16.   8 spiritalia: 1 Cor 9, 11.   16 foueas: Mt 8, 20.   17 holus (olus): Lk 11, 42.

spiritales exciperentur persone cum nec reges gentium exigant tributum a 20
filiis sed ab alienis.

16 Neque adtenderunt uel adtendere uoluerunt episcopi premissam doctrinam pape ac martyris Vrbani seu etiam pape Gregorii scribentis ad
Augustinum Anglorum episcopum, ut communi uita uiuentibus de facien-
dis portionibus nichil imponatur ubi omne quod superest piis et religiosis 25
causis in usus pauperum est erogandum iuxta illud euangelicum: *Quod
superest date. Et omnia munda erunt uobis.* Latuit, inquam, hec uulpecula
demoliens uineas.

17 At nunc exagitata quasi latratibus canum dominicorum, uidelicet
pontificum Romanorum Innocentii et Eugenii doctrinis apostolicis, 30
eisdem iam defunctis, putat sibi liberum non iam dente uulpino sed
aprino euidenter uastare uineas domini sabaoth. Sentiat ergo adhuc in te,
pater Adriane, spiritum antecessorum tuorum uiuere. Sentiat, inquam, se
acrius exagitandam bestia hec nequissima que deuorauit Ioseph nisi cesset
a cepta malicia.

35

IV
De Ioseph primogenito Rachelis

1 Quia enim, ut supra diximus, dictum est ei sub nomine (f. 82v) Ruben
ut non crescat in domo Iacob, nimis emulatur Ioseph filium accrescentem
cui dixit pater Iacob: *Filius accrescens Ioseph, filius accrescens et decorus* 40
*aspectu. Filie discurrerunt super murum. Sed exasperauerunt eum et iurgati sunt
inuideruntque illi habentes iacula. Sedet in forti arcus eius et dissoluta sunt uincula
brachiorum et manuum illius per manus potentis Iacob. Inde pastor egressus est
lapis Israel. Deus patris tui erit adiutor tuus et Omnipotens benedicet tibi benedictionibus celi desuper benedictionibus abyssi iacentis deorsum benedictionibus uberum* 45
*et uulue. Benedictiones patris tui confortate sunt benedictionibus patrum eius donec
ueniret desiderium collium eternorum. Fiant in capite Ioseph et in uertice Nazarei
inter fratres suos.*

2 Et quidem altiore sacramento hee benedictiones Ioseph a sanctis
patribus exponuntur de ipso Christo patris altissimi primogenito. At 50
tamen quoniam sicut scriptum est: *Inde pastor egressus est,* cui dixit uerus ac
summus Ioseph: *Si diligis me, pasce oues meas,* non incongrue de quouis
pastore Christum diligente ac proinde sincero amoris affectu ipsius oues
pascente omnia hec poterunt intelligi.

23 Gregorii: Gregory I (590-604), *Ep.* XI, 64; MGH Epp 2, 333 or PL 77, 1184AB. JL 1843.   28
uineas: Ct 2, 15.   34 Joseph: Gen 37, 33.   48 suos: Gen 49, 22-26.   51 egressus: Gen 49,
24.   52 meas: Jn 21, 17.

3   Quia non solum senatus apostolorum princeps orbis terrarum prin- 55
cipatum Ioseph (f. 83) in tota terra Egypti dominantis representat sed et
omnis cetus uirorum sanctorum qui non ut Ruben de Lya sed sicut Ioseph
de Rachele se natum contestatur, primo assimilatur ei per custodiam
castitatis, cui multum cooperatur claustralis inclusio, sicut ille maluit pati
carcerem quam ad placitum domine sue contra dominum suum uiolare 60
fidem. In quo conprobatus est amor domini sui: deinde per curam
pastoralem secundum quod ille dixit fratribus suis: *Ego pascam uos et
paruulos uestros.*

4   Cui simile est quod primo examinatus est amor Petri erga dominum et
postea commissa est ei cura ouium dicente Christo: *Amas me?* ac 65
subiungente: *Pasce oues meas* siue *agnos meos.* Sic preparatus est beatus
Petrus uelut alter Ioseph ad pascendos multos populos et etiam suos
fratres de quibus ei dictum est: *Confirma fratres tuos.* Alioquin, fame nimia
imminente, periret Egyptus id est totus mundus et infirmitate deficerent
ipsi quoque fratres eius, episcopi uidelicet, partim officio et merito partim 70
solo nomine fratres.

5   Neque uero soli beato Petro sed et cuilibet successori eius dictum illud
Christi congruit: *Pasce oues meas,* et: *Confirma fratres tuos.* Vnde ad te
quoque, Adriane papa, illud pertinere non dubium est quoniam tu sine
dubio regularem uitam seruando etiam ante papatum preuentus es in 75
benedictionibus dulcedinis a Ruben filio Lye (f. 83v) omnino alienis et
super caput Ioseph sicut auditum est copiose thesaurizatis dicente patre
Iacob: *Fiant in capite Ioseph et in uertice Nazarei inter fratres suos.*

6   Considera, queso, nunc totum Ioseph, totum uidelicet chorum
spiritalium uirorum de Rachele genitorum quos pater altissimus amat 80
plurimum et ideo fratres eius oderunt illum nec possunt ei quicquam
pacifice loqui. Hoc et in benedictione Ioseph notatum est ubi dictum est:
Exasperauerunt eum inuideruntque illi habentes iacula. Et tu quidem, Romane
pontifex, post Christum caput Ioseph et uertex Nazarei tamquam in alto
positus, non tangeris illorum sagittis. At ego miser et mei similes in imo 85
positi grandi experimento edocti non indigemus nobis exponi quam uere
dictum sit de uno filio Rachelis quod euenturum erat plurimis eiusdem
filiis.

7   *Exasperauerunt,* inquit, *eum et iurgati sunt inuideruntque illi habentes iacula.*
O quoties isti exasperauerunt me habentes iacula quibus fuissem grauiter 90

---

58 assimilatur: assimilatus MS.   61 fidem: Gen 39, 7.   63 uestros: Gen 45, 7.   72 Neque...
filios Lye: Sackur 292.   73 tuos: Gen 49, 26.   83 iacula: Gen 49, 23.   90 0 quoties... angustiis:
Sackur 292.

fossus nisi quod sedes apostolica facta est mihi refugium a uenenatis iaculis eorum. Vnde et memor fatigationis mee preterite represento tibi, patri, textum epistole quam inter huiuscemodi sagittarios misi beate memorie pape Innocentio cuius textus ita se habet:

8 "Innocentio diuina fauente clementia sedis apostolice (f. 84) antistiti 95
frater G(erhochus) sue sanctitatis qualiscumque seruus: deuotas orationes cum obedientia.

Domine, refugium tu factus es nobis in domino qui, priusquam fierent montes aut formaretur terra et orbis, te predestinauit nobis pium patronum contra uiolentias impiorum. Puto enim, si non esset nobis 1
apostolice sedis asilum, iam redacti essemus ad nichilum per iniquas potentias impiorum.

9 Sed tu, beate uir, qui non soles abire in consilio impiorum nec sedes in cathedra pestilentie sed in cathedra potestatis apostolice, per tue pietatis 5
eximium affectum factus es nobis refugium. Immo eterna Christi pietas, que regnat in corde tuo, facta est nobis turris fortitudinis a facie impiorum qui nos afflixerunt et affligunt.

10 Petro Leonis tyrannizante, multa passi sumus ab eius fautoribus quando uidimus impium superexaltatum et eleuatum sicut cedros Lybani. 10
Sed *transiui et ecce non erat*. Hereses autem sunt quia eas oportet esse, apostolo asserente. Inter has laborauimus et adhuc laboramus. Nam pro eo quod aliquando scriptis ac dictis confutauimus hereticum sensum quorun-dam asserentium Christi corpus extra ecclesiam etiam ab excommunicatis confici nisi tu, pater, mihi tunc fuisses in refugium heretici me damp- 15
nassent quasi hereticum.

11 Sed quia residuum bruci parata est comedere locusta, succedunt malis mala. Nam de fumo putei abyssi, ut Iohannes in *Apocalypsi* preuidit, nunc exierunt locuste, uidelicet plures discipuli Petri Abaiolardi, af-firmantes hominem de Virgine sumptum non esse deum sed ipsius dei 20
singulare habitaculum in (f. 84v) quo cum habitet omnis plenitudo diuinitatis corporaliter, non tamen dicunt ei conuenire nomen deitatis ut deus dicatur nisi figuratiua locutione qua continens pro contento uel pro contento continens nominamus.

94 textus: This letter is also found in Gerhoch, *Ep*. 21 (ad cardinales); PL 193, 584C-585C. Gerhoch was very fond of quoting papal letters addressed to him.   98 es: est MS.   99 orbis: Ps 89, 1.   5 pestilentie: Ps 1, 1.   7 facie: Ps 60, 4.   9 Petro: Anaclectus II (1130-39), antipope.   11 erat: Ps 36, 36. esse: 1 Cor 11, 19.   16 hereticum: Cf. *Ep*. 21; PL 193, 577C. P. Classen, *Gerhoch* 126-128.   17 parata: paratus MS.   18 Iohannes: Apoc 9, 1.   19 Abaiolardi: Cf. *Ep*. 21; PL 193, 585A: "plures discipuli Petri Abailensis". *Ep. ad Eberhardum Babenb.*; ed. H. Weisweiler, in: *Scholastik 13* (1939) 47: "plures discipuli Petri Abaiolis".   22 corporaliter: Col. 2, 9. ut: aut MS.

12 Est enim figuratiua locutio si habens pro habito nominatur quod 25
plerumque solet fieri: uti manu factum templum uocamus ecclesiam propterea quod habet uel continet ecclesiam id est iustos in ea conuocatos; et
in euangelio ubi dicitur: *Credidit ipse et domus eius tota*, familie datur nomen
domus quia familiam habet uel continet domus. Ita, inquiunt, figuratiua
est locutio quando uel homini deum in se habenti assignamus nomen dei 30
uel deum in homine manentem dicimus hominem.

13 Nos autem quia deum proprie hominem et hominem deum
predicamus, ne forte in uacuum curramus, tibi, pater, per latorem presen-
tium super questione hac misimus tractatum quem si tua approbat auctoritas iterum cantabo quod et antea cantaui: Domine, refugium tu factus 35
es nobis, non quod confidam in te mortali homine sed in Petro, immo in
petra, cuius fortitudini porte inferi non preualebunt."

14 Item postea inter similia pericula a papa Celestino suscepi scriptum
consolatorium et confortatorium cuius hoc est rescriptum: "Celestinus
episcopus seruus seruorum dei dilecto filio G(erhocho) Richerispergensi 40
preposito salutem et apostolicam benedictionem.
     Super tribulationibus et angustiis quas pro ueritatis et iustitie assertione
dilecti filii nostri G. diaconi cardinalis attestatione te sustinere accepimus
paterna tibi affectione compatimur et in quibus secundum (f. 85) deum
possumus opem tibi et consilium libenter impendimus.   45

15 In quibus tanto maiorem pacientiam te oportet habere quanto certius
est tuam industriam easdem persecutiones pro defensione iusticie
sustinere. Scis enim nec nouum esse nec insolitum quod, iuxta apostolum,
qui pie uolunt uiuere in Christo persecutionem patiuntur ab impiis et
his similibus quos dominus in euangelio consolatur beatitudinem eternam 50
illis repromittens: *Beati*, inquit, *qui persecutionem patiuntur propter iusticiam.*

16 Nos tamen pro debito officii nostri emulis tuis obuiare et censura ecclesiastica eos cohibere uolumus. Vnde per presentia tibi scripta man-
damus quatenus proxima dominica qua legitur: *Ego sum pastor bonus*,
nostro te conspectui representes ut per te ipsum causa plenius cognita 55
quieti et tranquillitati tue prouidere et sicut dilecto filio oportune tibi
subuenire ualeamus. Datum Lat. VI Kal. Feb."

28 tota: Jn 4, 53.   33 curramus: Phil 2, 16.   38 Celestino: Celestine II (1143-44), *Ep.* 31; PL 179,
797AC. JL 8484. Cf. Gerhoch, *Ep.* 21; PL 193, 578AC. 43 diaconi: Cardinal Deacon Guido of Castro
Ficeclo. P. Classen, *Gerhoch* 103 ff.   49 patiuntur: 2 Tim 3, 12.   50 his similibus: dissimilibus
MS.   51 iusticiam: Mt 5, 10.   54 dominica: Second Sunday after Easter (1144). When Gerhoch
arrived in Rome he learned that Celestine had died on 8 March 1144, as he relates in his commentary on
Ps 24; PL 193, 1106B.   bonus: Jn 10, 11 and introit of the Mass of the day.   57 Datum: 27 January
1144. JL 8484. PL 179, 797AC.

17 Nouissime quoque innumeris expositus iaculis ad papam Eug(enium) confugi cuius et uerbis et scriptis confortatus didici quam uere dictum sit in benedictionibus Ioseph: *Sedet in forti arcus eius et dissoluta sunt uincula* 60 *brachiorum et manuum eius per manus potentis Iacob.*

18 Et ut noueris tu, Adriane papa, quam clementer ille me respexit, considera ipsius epistolam qua dissoluta sunt uincula brachiorum et manuum mearum per manum potentis Iacob. Textus eius hic est:
"Eugenius episcopus, seruus seruorum dei, dilecto filio G(erhocho) 65 Richerispergensi preposito salutem et apostolicam benedictionem.
Scripta deuotionis tue benigne recepimus et feruorem tue religionis ex eorum inspectione manifeste cognouimus. Concaluit enim cor tuum intra te et in meditatione tua exardescit ignis (f. 85v). Ignitum quoque eloquium tuum uehementer. 70

19 Super hoc itaque quod contra pessimas nouitates, commotiones quoque que contra ecclesiam dei et personas ecclesiasticas oriuntur, te zelo karitatis exardescere cognoscimus, paterno affectu gaudemus et deuotionem tuam collaudamus. Verum quoniam bonum est incipere sed multo melius consummare, dilectionem tuam in domino commonemus ut 75 in bono proposito perseueres quia nos personam tuam tanquam litteratum et religiosum uirum paterna karitate diligimus et in quibus secundum deum possumus honorare et manu tenere uolumus. Datum Sutrii XVII Kal. Iunii".

20 Audis, presul Romane Adriane, quomodo antecessores tui astiterunt 80 mihi agonizanti et pugnanti ad bestias que sepe expugnauerunt me a iuuentute mea iam fere per annos xxx prolongata iniquitate illorum fabricantium supra dorsum meum. Et necdum peracta est pugna. Etenim non potuerunt mihi sic preualere quin uincula brachiorum et manuum mearum semper essent soluta ut adhuc gratia dei sunt per manum potentis 85 Iacob, protegente me pariter et diuina gratia et apostolice sedis tutela fortissima contra Symonem in domo dei negociantem, contra Nycolaum impurum, contra Neronis tyrannidem adhuc in laicis quibusdam seuientem et Symoni mago contra Symonem Petrum nequiter fauentem.

61 Iacob: Gen 49, 24.   64 Textus: PL 180, 1139 AB. JL 8922. The letter is also found in his commentary on Ps 38, 4; PL 193, 1378AB, in his *Ep.* 17 (to Alexander III); PL 193, 567BC, and his *Ep.* 21; PL 193, 577D-578B.   69 ignis: Ps 38, 4.   78 Tenere uolumus... fundate supra petram: Sackur 293.   Datum: 16 May 1166.   81 bestias: 1 Cor 15, 32.   83 meum: Ps 123, 3.   87 Symonem: Acts 8, 9.   Nycolaum: Apoc 2, 6.   88 Neronis: Cf. P. Classen, *Gerhoch* 175.

21 His itaque quasi tribus inimicis confutatis, Helyu turbulentus contra 90
me insurgit irruens ex aduerso quasi turbo ad dispergendum me sic
inuoluendo sententias sermonibus prout ipsi uidetur exquisitis sed prout
ego arbitror (f. 86) imperitis ut nisi dominus de turbine illi pro me respon-
dere dignetur, tota salus mea immo totius ecclesie periclitetur grauiter
quoniam non utcumque flumen illiditur domui dei fundate supra petram 95
sed ipsam — quod auditu horrendum est — nititur subfodere aut findere
petram que, licet habeat foramina in quibus nidificat columba, utpote
clauis et lancea per milites cauata, non confringi uel scindi potuit aut
poterit sicut scriptum est: *Os non comminuetis ex eo* quia nec tunica eius in-
consutilis scissa fuit sed integra permansit.   1

22   Petra enim est Christus, petra indiuisa, petra solida, nullius umquam
susceptibilis diuisionis, totus in paterna totus in materna substantia, totus
in ecclesia regnante in celis, totus in ecclesia peregrinante ac militante
super terram: sursum inuitans ad gloriam, deorsum confortans ad patien- 5
tiam.

23   Sic denique implet proprietatem sui nominis quod est Emmanuel ut
sicut in diuinitate sua unus est cum patre deus ita quoque in humanitate
sua sit etiam nobiscum deus. In humanitate, inquam, sua non solum in
sue persone unitatem sed in sue diuinitatis unionem suscepta. Et de per- 10
sonali quidem unitate catholicus doctor Athanasius congruenter assignauit
hanc similitudinem ut diceret: *Sicut anima rationalis et caro unus est homo ita
deus et homo unus est Christus.*

24   Sed de naturarum ineffabili unione in creaturis plenam
similitudinem non inuenit. Que denique creatura sic transit in alteram 15
sibi oppositam ut permaneat quod erat: incipiens esse quod non erat? Et
quidem conatus est beatus papa Gregorius (f. 86v) in *Ezechiele* tale quid
ostendere affirmans quod sicut aqua transit in christallum, permanente
uidelicet naturali essentia cum quantitate sua sed sola qualitate mutata, sic
humana Christi natura in similitudinem aque primo fragilis per resurrec- 20
tionem firmata ueluti christalli soliditatem accepit.

25   Verum ista similitudo longe minus habet ab assimilato. Transiens
enim aqua in christallum non retinet in se totum quod habet essentiale

---

90 inimicis: amicis MS. Helyu: Helyu is Peter of Vienna whose death is recorded under the year 1183.
MGH SS 9, 542. H. Fichtenau, *Magister Petrus von Wien* 293. P. Classen, *Gerhoch* 175.   91 turbo:
Hab 3, 14.   me: illi *add et del.* MS.   95 petram: Mt 7, 25.   columba: Jer 48, 28.   1 permansit:
Jn 19, 36.   7 Emmanuel: Isa 7, 14.   8 deus: Hilary, *De Trin.* X, 7; PL 10, 348A.   13 Christus:
Symbolum Quicumque 35; CCL 50A, 567.   17 Ezechiele: *In Ez. Hom.* I, 7; PL 76, 850A.

quia cum essentialiter et non accidentaliter aqua sit humida, in christallum transiens et sicca effecta desinit esse quod substantialiter erat. 25 Non sic in Christo. Non sic humanitas transiens in diuinitatis gloriam desiit esse quod substantialiter erat.

26   Sed prouecta est ultra quam erat ita ut, licet suscipiens diuinitas non sit suscepta humanitas uel e conuerso quia indestructibilis est utriusque nature permansio, tamen quam uere corpus accepta humanitate per- 30 manens quod erat fit quod non erat id est homo et uere accepta leonitate fit leo et similiter in substantiis aliis animalis corpori accedentibus et speciem constituentibus idem inuenis, ita nimirum mediante anima data et unita hominis corpori diuinitas in eo nomine *quod est super omne nomen* contulit illi esse quod non erat, scilicet deus, manente tam diuinitate 35 quam humanitate quod erat et incipiente deo esse quod non erat — subaudis homo — sicut et homo accepit esse quod non erat, scilicet deus.

27   Et hoc est mirabile in oculis nostris ut primus nouissimus et nouissimus sit primus sicut ipse ait: *Ego sum alpha et omega, primus et nouissimus.* Quid magis, (f. 87) immo quid aliud est primum quam om- 40 nium principium? *Ego,* inquit, *principium qui et loquor uobis.* Quod ait: *Ego principium,* refer ad primum. Quod uero ait: *qui et loquor uobis,* refer ad nouissimum. Denique cum omnia creasset deus, nouissime in sexta die creauit hominem cui soli inter omnia uisibilia dedit rationandi et loquendi facultatem.   45

28   Deus igitur homo factus a primo usque ad nouissimum inclinatus est absque sue diuinitatis deffectu sed cum inmenso nostre humanitatis profectu. Quo enim altius proficere haberet natura humana quam ut, aquatica fluxe mutabilitatis infirmitate deposita, in diuine inmutabilitatis christallinam soliditatem commutata esset super omnia nomen habens 50 quod super omne nomen est?

29   Vnde et in uisione prophetica dicitur: *Et similitudo super capita animalium firmamenti quasi aspectus cristalli horribilis et extenti super capita eorum desuper. Et super firmamentum quod erat imminens capiti eorum quasi aspectus lapidis saphyri similitudo throni et super similitudinem troni similitudo* 55 *quasi aspectus hominis desuper. Et uidi quasi speciem electri uelut aspectum ignis intrinsecus per circuitum a lumbis eius desuper et a lumbis eius usque deorsum (f. 87v) uidi quasi speciem ignis splendentis in circuitu uelut aspectum arcus cum fuerit*

31 leonitate: Cf. Gerhoch, *Utrum Christus homo,* Opera I, 280.   34 nomen: Phil 2, 9.   39 omega: Apoc 1, 8.   41 uobis: Jn 8, 25.   51 nomen: Phil 2, 9.

in nube in die pluuie. Hic erat aspectus splendoris per gyrum. Hec uisio
similitudinis glorie domini. Mira uisionum dissimilitudo.   60

30   Propheta uidit humanam in Christo naturam quasi aspectum
christalli, uidelicet commutatam a sua mutabilitate in soliditatem non
angelicam qualis et sanctis hominibus promittitur, sed omnino diuinam.
    Nostri temporis dialetici uel potius heretici uident eam uix ad
angelorum dignitatem prouectam. Ille uidit super similitudinem throni   65
quasi aspectum hominis desuper et quasi speciem electri. Isti sub throno
dei cum ceteris electis hominibus collocant hominem assumptum quem
negant in excelso throno sedere in paterne glorie coequalitate uel potius
unitate.

31   Speciem quoque clarissimi electri de argento humanitatis et auro   70
diuinitatis confecti non aspiciunt quia duas naturas in Christo ita
coadunatas non credunt sicut in electro aurum et argentum coadunantur,
auro aliquatenus pallescente sed argento fulgescente. Nos autem cum
propheta uidemus aurum palluisse in Christo cum posteriora dorsi eius in
pallore auri quasi exinanita diuinitatis plenitudine in passione (f. 88) ip-   75
sius disparuerunt.

32   Sed quia Moysi posteriora eius uidenda et post hec siue per hec etiam
gloria eius ostendenda promittebatur, nos cum ipso Moyse in foramine
petre stantes ipsum, quem scimus humana passum, credimus in eadem
natura qua passus est ad diuina prouectum: latenter quidem in uirginali   80
utero sicut et Dauid pater eius clam consecratus est in regem, nesciente
Saule, in paterna domo. Sicut autem ille, mortuo Saule, unctus est
manifeste super domum Iuda et super uniuersum Israelem sic et homo
in deum assumptus et solus electus ex milibus ad regnandum in domo
Iacob in eternum idoneus, deuicto mortis principe, manifeste gloria et   85
honore diuine claritatis coronatus regnum tenet omnium seculorum non
minore potentia sapientia clementia disponens et gubernans omnia in
humana sua natura quam ea creauit in diuina.

33   Hominis quippe filio datum est regnum et honor ab antiquo dierum
sicut Danieli demonstratum est cui et iudicium datum est eo et in eo quod   90
filius hominis est. Nam in eo quod filius dei est, numquam non habuit
quod patris fuit. Vnde et dicit: *Omnia que habet pater mea sunt.* Propter
humanitatem uero dicit: *Omnia mihi tradita sunt a patre meo.*

---

60 domini: Ezek 1, 22 and 26-28.   75 pallore: Ps 67, 14.   78 foramine: Ex 33, 20.   82 domo: 1
Sam 16.   unctus: 1 Sam 2.   90 demonstratum: Dan 7, 27.   92 mea: Jn 16, 15.   93 meo: Mt
12, 9.

34   Quenam sunt illa omnia que (f. 88v) una cum patre suo Christus in
diuinitate sua semper habuit queque idem in humanitate sua sibi tradita 95
dicit? Profecto illa sunt que pater habuit non solum sub se uel creata uel
creanda sed etiam que habuit et habet in se increata eterna et inmensa,
uerbi gratia potentia sapientia iusticia ueritas bonitas et cetera huiusmodi
que in deo non sunt multa sed unum: immo que in deo non sunt aliud
quam deus unus omnino simplex.   1

35   Esto, inquiunt, ut homini assumpto data sit Verbi potentia sapientia
bonitas et alia hominis capacitati capabilia. Eternitas uero et inmensitas
nature humane incapabilis est nec illa eius capax est quia quod inicium
habet eternum fieri non potest. Quodque circumscriptum est, in-   5
mensitatem capere non potest.

36   Hec dicendo sapientes huius mundi presumunt carnes agni aqua coc-
tas manducare dum sapientia humana quam stultam fecit deus nituntur
etiam inscrutabilia scrutari. Nos autem caput cum pedibus uorare cupien-
tes infirma humanitatis una cum altissimis diuinitatis non solum igne assa 10
manducamus uerum etiam igne comburendum relinquimus quod
residuum fuerit. Verbi gratia, non (f. 89) solum credibile sed etiam in-
telligibile per gratiam dei cognoscimus quod homo, in quo sunt omnes
thesauri sapientie et scientie dei, omnia scit sicut ei Petrus dicit: *Domine, tu
omnia scis.* Ac proinde in sapientia uel scientia non est inferior uel minor 15
patre suo deo eterno a quo data est ei proprii filii naturalis filiatio.

37   Item qui dicit: *Data est mihi omnis potestas in celo et in terra,* non minus
est potens patre suo omnipotente. Comedere seu uorare utcumque
possumus talia non solum credibilia sed etiam intelligibilia. Que autem
superexcedunt intellectum non hominum tantum sed etiam angelorum ut 20
pax dei que exsuperat omnem sensum uel etiam illud profundum iudiciorum
dei quo Iacob dilexit, Esau autem odio habuit, antequam quicquam
facerent boni uel mali seu etiam illud uniuersale profundum quo eternaliter omnes consimiles Iacob dilexit omnesque consimiles Esau odio
habuit: hec, inquam, et similia omnem intellectum superexcellentia de 25
agni carnibus igne comburimus reseruando ea Spiritui sancto qui
scrutatur omnia, etiam profunda dei.

38   De talibus est etiam illud quod ut Ambrosius ait in Lucam: *Cui deus
pater omnia dedit, eternitatem dedit maiestatemque transfudit.* De his enim

95 humanitate: humanite MS.   98 huiusmodi: huius modo MS.   8 stultam: 1 Cor I, 20.   9
caput: Ex 12, 9.   10 assa: Ex 12, 8.   12 fuerit: Ex 12, 9-10.   15 scis: Jn 21, 17.   17 terra: Mt
28, 18.   21 sensum: Phil 4, 7.   22 habuit: Rom 9, 13.   26 igne: igni MS.   27 dei: 1 Cor 2,
10.   28 Ambrosius: *In Lucam* VI, 93; PL 15, 1693B. Gerhoch, *Utrum Christus*; Opera I, 302.

duobus, ut iam prelibauimus, maior est contradictio asserentibus nobis 30
omnia que habet pater data esse homini assumpto in deum dei filium sic
ut ipse sit deus dei filius, non geminata filii persona sed unius persone
manente natura gemina et altera per alteram deificata glorificata et
clarificata claritate quam natura superior habuit priusquam mundus fieret.

39 *Gloria enim omnis non Verbo sed carni acquirebatur* ut asserit Hylarius (f. 35
89v). Quia Verbo nichil decesserat quod ei patris munere fuisset red-
dendum. Vnde non Verbum sed hominem constat et paulo minus ab
angelis minoratum et, consummata obedientia, gloria et honore
coronatum in trono maiestatis paterne in quo, ne inferior aut minor
estimetur eterno et immenso patre, non ad sinistram sed ad dextram 40
dicitur sedere iam non minor glorificatus qui minor fuerat quando
uidimus eum non habentem speciem neque decorem.

40 Hinc Hylarius:
  Glorificaturus, inquit, *filium pater maior est. Glorificatus autem filius minor*
non est. Aut quomodo minor est qui in gloria patris est?   45
  Dicis itaque mihi: Quomodo ergo uerum est quod dicit Athanasius
minor patre secundum humanitatem, si secundum Hylarium constiterit quod
homo in trono glorie sublimatus et magnificatus non sit inferior aut minor
patre?

41 Ad hoc respondeo: duos istos patres diuersa, non aduersa, hoc loco 50
sentire cum alter eorum agat de natura humanitatis que, siue in gloria siue
in pena, numquam erit uel maior uel minor se ipsa in quantum est natura
humana que tanta est in minimo infante quanta in grandissimo gygante:
tanta in Iuda perdito quanta in Petro saluato, alter uero agat de gloria que
nature humane in Christo non solum naturaliter sed supernaturaliter est 55
collata.

42 Naturaliter enim natura humana cum sit rationalis, per ipsam
rationem capax est eterne sapientie: in aliis ad mensuram, in Christo sine
mensura. Non enim ad mensuram dedit deus spiritum homini concepto
per Spiritum. Sed quomodo sit capax eternitatis et inmensitatis homo in 60
tempore creatus et circumscriptus (f. 90), naturalem sensum excedit quia
supra naturam est: fide apprehendendum, non sensu uel intellectu com-
prehendendum.

35 acquirebatur: Hilary, *De Trin.* IX, 40; PL 10, 312C. Gerhoch, *Ep.* 23; PL 193, 588C.   38
minoratum: Ps 8, 6.   39 coronatum: Heb 2, 9.   41 sedere: Heb 1, 3.   42 decorem: Isa 53,
2.   43 Hylarius: *De Trin.* IX, 56; PL 10, 327A. Gerhoch, *Ep. ad Eberhardum*; PL 194, 1070C.   47
humanitatem: *Symbolum Quicumque* 31; CCL 50A, 567.   60 spiritum: Jn 3, 34.

43 Fide ergo hoc tenemus et fidelibus id ipsum credendum, non
discutiendum, suademus. Infidelibus autem cum apostolo dicimus: *O homo,* 65
tu quis es qui respondeas deo? Tu rationis acumine uis omnia secreta fidei
penetrare: quod esset fidem euacuare quoniam si uides, non est fides. *Ego*
autem credidi propter quod locutus sum. Credidi Christo non solum dicenti
ante mortem: *Pater maior me est,* sed etiam post resurrectionem: *Data est*
mihi omnis potestas in celo et in terra. Credidi apostolo asserenti quod is qui 70
modicum quam angeli minoratus est excelsior celis factus est tanto melior angelis ef-
fectus quanto differentius pre illis nomen hereditauit.

44 Notandum sane quod non dicit excelsior existens sed factus et melior
angelis effectus ut eam naturam intelligas uel, si non potes intelligere,
saltim credas in Christo magnificatam quam constat factam. Si enim deus 75
ceteros electos quos predestinauit illos et magnificauit quomodo is, qui
predestinatus est filius dei in uirtute secundum spiritum sanctificationis,
non est credendus magnificatus et nimis exaltatus super omnes celos
usque ad orientem?

45 Quo nomine intelligitur diuinitas Verbi de patre orientis ortu 80
eterno. Neque tam proprie dicitur ortus quam oriens eo quod fine caret
eterna eius natiuitas qua ille splendor glorie paterne oritur de patre im-
plens nubem candidam susceptam de matre omni diuinitatis plenitudine
atque claritate quod est eam eleuatam esse ad orientem dum clarificata est
claritate quam Verbum habuit priusquam mundus fieret sicut ipsi oranti 85
ut clarificaretur (f. 90v) a patre suo responsum est: *Et clarificaui et iterum*
clarificabo.

46 Quod est dicere: *Clarificaui* te in conceptione secundum quod
predestinatus es filius meus in uirtute secundum spiritum sanctificationis
qui est amor meus quo in matre operante conceptus es *et iterum clarificabo* 90
secundum eundem spiritum sanctificationis ex resurectione mortuorum
per quam reuelabitur gloria diuina tibi Verbo insita per naturam sed tibi
homini data per gratiam.

47 Sicsic magnificatus rex pacificus super omnes reges uniuerse terre,
sic exaltatus est super celos celorum ad orientem. Magnificatus, inquam, 95
est non ad mensuram quia magnitudinis eius (f. 91) non est finis ac
proinde inmensitas illi data est non qualem fingit Manicheus cui uidetur

66 deo: Rom 9, 20.   68 quod: *suppleui.*   sum: Ps 115, 10.   69 maior: Jn 14, 28.   70 terra:
Mt 28, 18.   72 hereditauit: Heb 2, 7.   76 magnificauit: Rom 8, 30.   77 predestinatus: Rom 1,
4.   79 orientem: Am 9, 2.   85 fieret: Jn 17, 5.   87 clarificabo: Jn 12, 28.   89 predestinatus:
Rom 1, 4.   93 gratiam: See J. Châtillon, Quidquid convenit filio dei per naturam, convenit filio
hominis per gratiam, in: *Divinitas* 11 (1967) 715-727.

undique in infinitum protensus deus — in quo errore fuit aliquando etiam
beatus Augustinus quemadmodum in *Libro Confessionum* suarum ipse de se
scribens fatetur — sed qualem credit christianus et qualem discipulis suis   1
optat cognoscibilem fieri Paulus apostolus dicens: *Huius rei gratia flecto*
genua mea et cetera usque *possitis comprehendere cum omnibus sanctis que sit*
latitudo longitudo sublimitas et profundum.

48   Noli dimensionibus istis tibi fingere grandissimum simulachrum pro   5
deo colendum (f. 91v) sed agnosce latitudinem dei karitatem qua omnia
diligit et nichil odit eorum que fecit: longitudinem uero eiusdem karitatis
eternitatem quia longius eternitate nichil cogitari potest: sublimitatem
potentiam, profundum sapientiam quibus quatuor nominibus cum tibi
describitur deus magnus et inmensus non corporali protensione sed   10
spiritali uirtute attingens a fine usque ad finem, non habens ipse finem.

49   Respice simul et in crucem uel potius in crucifixum Iesum Christum
et uide an et ibi tibi appareat eadem (f. 92) latitudo longitudo sublimitas et
profundum secundum que magnum uel potius inmensum poteris estimare
ipsum crucifixum cuius etiam secundum hominem latissima caritas non   15
habet finem cum diligat omnia que diligit et pater maxime illos quos
pater in ipso predestinauit ante constitutionem mundi ut essent sancti et
inmaculati.

50   Quia uero nichil antiquius hac predestinatione utique sicut nichil
latius ita nec longius est aliquid ista predestinatorum dilectione. Quid   20
autem profundius Christi etiam secundum hominem sapientia cui datum
est nosse omnia? Vel quid sublimius eius potentia cui datum est posse omnia quecumque uult sicut et pater eius omnia quecumque uoluit fecit?

51   Ex his que dicta sunt manifestum est homines illos errasse de filio
hominis quorum alii dicebant eum esse Iohannem, alii Helyam, alii   25
Hieremiam aut unum ex prophetis. In quorum errore adhuc isti detinen-
tur qui Christi magnitudinem sic metiuntur ad mensuram assumpte
humanitatis ut eidem humanitati negent inesse uirtutem illius inmense
claritatis quam apud deum patrem filius deus habuit priusquam mundus
fieret.   30

52   Ex hac nimirum recte predicatur homo assumptus (f. 92v) maior
Iohanne Baptista quia cum ille sit exinde magnus quod per Gabrielem
angelum preco eius prenuntiatus est concipiendus a sterili, iste per eundem archangelum prenuntiatus est filius dei altissimi nominandus et con-

99 Augustinus: *Confess.* III, 6, 10; PL 32, 686.   4 profundum: Eph 3, 14-18.   13 sublimitas: Eph
3, 18.   17 mundi: Eph 1, 4.   26 prophetis: Mt 16, 13.   30 fieret: Jn 17, 5.

cipiendus a Virgine. Ille in spiritu et uirtute Helye uiam domino 35
preparaturus, iste in spiritu et uirtute altissimi exultaturus ut gygas ad
currendum uiam sibi paratam. Ille angelus ante faciem domini missus,
iste angelus magni consilii consilium ipsum perficere idoneus.

53 De illo dictum est: *Erit enim magnus coram domino.* De isto scriptum est:
Magnus dominus et laudabilis nimis et magnitudinis eius non est finis. Vere 40
utique. Nam licet uniuersa creatura creatori comparata incomparabiliter
inueniatur illo minor, tamen illa noua creatura que in Virgine de satis
tribus est in unum fermentata, coadunatis in unum tribus essentiis —
anima scilicet rationali, carne humana, diuinitate inmensa et eterna — in
una sui persona: illa, inquam, creatura maior est mundo. Et licet in sui 45
natura minor tamen in gloria nominis quod est super omne nomen sibi
dati patri id ipsum nomen danti equalis quoniam, sicut patris et filii et
spiritus sancti una est diuinitas, equalis gloria, indiuisa potestas, ita Verbi
hominem in se deificantis hominisque deificati una est diuinitas, equalis
(f. 93) gloria, indiuisa potestas. Ac proinde in dei filio adoranda est ipsius 50
humanitas eque ut eius diuinitas *quia* — ut uerbis utar magni Leonis —
quod in naturis Christi *erat* et est *proprium, non* est *in potestate diuersum.*

54   Denique in *sermone ad populum de Epiphania* dicit inter cetera de tribus
magis: *Quod cordibus credunt, muneribus protestantur. Thus deo, mirram homini,*
aurum offerunt regi scientes humanam diuinamque naturam in unitate uenerandam 55
quia quod erat in substantiis proprium, non erat in potestate diuersum.

55   Quod et sancti patres in Ephesina synodo perpendentes circa finem
concilii dixerunt: *Si quis audet dicere assumptum hominem a Verbo coadorari*
cum deo Verbo oportere et conglorificari et connuncupari deum tamquam alterum
alteri — adiectio enim unius syllabe i.e. "co" hoc cogit intelligi — et non magis una 60
reuerentia ueneretur Emmanuel unamque glorificationem dependerit secundum quod
Verbum caro factum est, anathema sit.

56   Item Iohannes Damascenus in libro *De dispensatione et beneficio nostre*
salutis: Vnus, ait, *est Christus deus perfectus et (f. 93v) homo perfectus quem*

35 Virgine: Lk 1, 26.   36 preparaturus: Mt 3, 3.   37 uiam: Ps 18, 6.   missus: Lk 1, 2.   38
angelus: Isa 9, 6.   39domino: Lk 1, 15.   40 finis: Ps 144, 3.   42 satis: Gen 18, 6.   43 essentiis:
See Bernard, *De cons.* V, 8, 19; PL 182, 800A: ed. Leclercq-Rochais, *S. Bernardi opera* 3 (Rome 1963)
482.   46 nomen: Phil 2, 9.   52 diuersum: Leo I, *Sermo* 31, 2; PL 54, 237A. Gerhoch, *Liber de gloria*
7, 2; PL 194, 1096C: "Vnde sicut ait Leo papa in sermone de Epiphania: Quod..."   56 diuersum: Leo
I, *Sermo* 31, 2; PL 54, 236B-237A.   57 Ephesina: See N. M. Häring, Gerhoch of Reichersberg and the
Latin Acts of the Council of Ephesus (431), in: *Rech. de théol. anc. et médiévale* 35 (1968) 26-34. Gerhoch,
In Ps 38; PL 193, 1412. *In Ps* 71; PL 194; 331 C. *In Ps* 131; PL 194, 876BC. *Ep. ad Eberhardum*; PL 194,
1071B. *Ep.* 18; PL 193, 573A. *Contra duas hereses* 2; PL 194, 1171A. *De inuent. antichristi* 11, 33; ed.
Scheibelberger 295. *De gloria* 6, 6; 12, 3; 12, 5; 17, 3; 19, 3; PL 194, 1094C; 1114C; 1115C; 1135B;
1144D. P. Classen, *Gerhoch* 425.   64 Basilius *marg* MS.

adoramus cum patre et spiritu una adoratione cum axpanton i. e. inmaculata carne 65
ipsius non carnem non adorandam esse dicentes. Adoratur enim in una Verbi persona
que ipsi persona fuit uel facta fuit non creationem colentes. Non enim sicut nudam
carnem adoramus sed sicut deitati unitam et sicut in unum prosopon et unam per-
sonam Verbi duabus ipsius reductis naturis. Sic itaque deuitamus prunam tangere
propter ignem ligno coniunctum. Adoramus Christi utrumque propter diuinitatem 70
carni unitam.

57   Ecce audimus a Basilio diuinitatem carni unitam ac proinde ipsam
carnem simul cum diuinitate adorandam. Legimus quoque in sermonibus
Leonis pape quod caro nostri generis caro est deitatis et quod uera
diuinitas ueris se humane carnis sensibus induit. Legimus et in omelia
Gregorii pape diuinitatem calciatam. Legimus in Iohanne Verbum car- 75
nem factum. Legimus in Hylario naturam inferiorem in naturam
superiorem et natam et glorificatam.
      Quibus omnibus persuasi carnem deificatam et super omnes
creaturas in deo exaltatam adoramus. Quod nequaquam fieri oporteret si,
ut noui doctores asserunt, homo in solam personalem proprietatem 80
assumptus diuinitatis in se ueritatem non haberet (f. 94). Quod et ipsi
fatentur: carnem uidelicet Christi non adorandam.

58   Vnde mihi a quodam discipulorum magistri Gilberti fuit obiectum
quasi pro crimine ydolatrie quod carnem Christi adoro et adorandam
doceo. Ego autem non ita Christum scindo ut aliud dicam carnem Christi 85
quam carnem Christum, aliud carnem Verbi aliud carnem Verbum,
dicente Hylario in libro xi: *Ascendit filius hominis ubi erat prius. Et quis sensus*
percipiet? Descendit de celo filius hominis qui in celis est. Et que hec ratio
prestabit? Verbum caro factum est. Fit caro Verbum i.e. homo deus. Que hec uerba
loquentur?   90

---

65 axpanton: achranton *supercr.* MS.   68 unum: unam MS. unum MS Admont, Stiftsb. 767, f.
68.   71 unitam: John Damascene, *De dispensatione* 52, 4; ed. Buytaert 404. MS Admont, Stiftsb. 767, f.
68: "Vnus est igitur Christus... carni unitam."   72 Basilio: In 1147 Gerhoch began to cite John
Damascene but under the name of Basil (P. Classen, *Gerhoch* 124). He discovered his error in 1164 and
corrected some of his manuscripts (P. Classen, *Gerhoch* 261). St. John Damascene's work is extant in MS
Admont 767, f. 54v-68 under the title *De incarnatione Verbi*, but the name John Damascene is written over
an erasure. The translation dates back to a certain Cerbanus. Cf. N. M. Häring, The first Traces of the
So-called Cerbanus Translation of St. John Damascene, De fide orthodoxa III, 1-8, in: *Mediaeval Studies* 12
(1950) 214-216, and especially P. Classen, Der verkannte Johannes Damascenus, in: *Byzant. Zeitschrift* 52
(1959) 297-303. Idem, Aus der Werkstatt Gerhochs 61.   74 Leonis: *Sermo* 65, 2; PL 54, 362C.   76
Gregorii: *Hom. in Euang.* I, 7, 3; PL 76, 1101D.   76 Iohanne: Jn 1, 14.   77 Hylario: Hilary, *De Trin.*
IX, 4; PL 10 2833. Gerhoch, *Ep. ad Petrum*; Opera I, 365 (ed. P. Classen). *Ep.* 23; PL 193, 599C and
601A. *Liber de gloria* 15, 6; PL 194, 1128B. *Utrum Christus*, Opera I, 287.   84 quodam: This quidam is
Master Peter of Vienna whom Gerhoch criticizes in his *Ep. ad Petrum* (p. 358): "Tu me dicis habere
deam."   88 Hylario: *De Trin.* X, 54; PL 10, 386C.

59   Item Ambrosio in ymno paschali dicente:
        Culpat caro, purgat caro,
        Regnat deus, dei caro
confidenter predico dei carnem siue mauis dicere deum carnem in Verbo 95
quod caro factum est adorari oportere. Neque in hoc est ullus error
ydolatrie. Potes mihi ostendere Christi carnem humanam sine Verbo?
Quam si adorauero, ero ydolatra quia talis caro non prodest quicquam. Sed
carnem Verbi sine Verbo monstrari aut a Verbo distingui omnino est inpossibile quoniam caro quam sine Verbo intellexeris non caro Verbi aut   1
caro Verbum dicenda seu credenda est ac proinde minime adoranda.

60   Sane quod ait Ieronimus (f. 94v): *Verbum Verbum est et non caro et caro*
caro est et non Verbum, non sic est intelligendum quod carnem Verbi a
Verbo separauerit sed hoc dicto utriusque permanentiam demonstrauit,   5
Verbi scilicet et carnis, quia et caro Verbo unita permansit caro et Verbum carni unitum permansit Verbum ut erat in principio: facta tamen
Verbi et carnis, dei et hominis, assumentis et assumpti, tam ineffabili
unione ut, sicut dicit Leo papa, cum suo creatori creatura esset unita,
nichil assumpto diuinum nichil assumenti deesset humanum.   10

61   Idem loquens de passione domini sic ait:
        Cuius utique inanis fuisset species et nulli profutura imago tolerantie nisi uera
diuinitas ueris se humane carnis sensibus induisset et unus dei atque hominis filius,
aliunde intemerabilis aliunde passibilis, mortale nostrum per suum immortale
renouaret.   15

62   His atque aliis apostolice doctrine testimoniis de diuinitate hominis
assumpti confirmata non errat ecclesia hominem adorans quem Petrus
apostolus Christum filium dei uiui confitetur quia filius dei per
generationem, non per adoptionem, factus ei ex semine Dauid secundum
carnem non potest non esse deus quomodo nec pater eius potest non esse 20
deus.

63   Vnde una cum patre atque in patre suo est adorandus homo dei filius
(f. 95) et deus factus. Factus est enim deus dei filius ex semine Dauid

---

92 Ambrosio: Hymn sung on Ascension Day: "Aeterne rex, altissime..." ed. G. M. Dreves, *Anal. hymn. 2*
(Leipzig 1888) 48.   3 Ieronimus: Pseudo-Jerome, *Ep.* 9, 12; PL 30, 139B. The text is quoted by
Abelard, *Sic et Non* 75; PL 178, 1449B, by Peter Lombard, *Sent.* III, 7, 2; ed. Quaracchi (1916) 586, the
Summa sent. I, 15; PL 176, 72A, the *Apologia de Verbo incarn.* 37, ed. N. M. Häring, in: *Franciscan Studies* 16
(1956) 125, and others.   9 Leo: *Sermo* 63, 1; PL 54, 354A. Cf. *Liber de gloria* 15, 4 (PL 194, 1127C), *In*
Ps 1 (PL 193, 614A), *In Ps* 18 (908C), *In Ps* 55 (1688C), *Ep. ad Eberhardum* (PL 194, 1070D), *Libellus de*
ordine donorum (Opera I, 138), *Opusc. ad cardinales* (Opera I, 349), *Utrum Christus* (Opera I, 286).   11
Idem: Leo I, *Sermo* 65, 2; PL 54, 362C.   18 uiui: Mt 16, 16.   20 carnem: Rom 1, 3.

secundum carnem qui semper deus fuit secundum eternam diuinitatem. Factor ut erat permansit sed factus quod non erat esse cepit. Increatum 25 permansit ac permanet increatum. Et quod creatum est, permanet creatum.

64 Sed increate nature gloria tota in Christo create nature data est per *nomen quod est super omne nomen* datum non Verbo assumenti sed homini assumpto quia Verbum numquam non habuit hoc nomen quod quidem 30 datum est homini primitus in conceptione, deinde in clarificatione. Sed plene manifestabitur in ultima resurrectione cum perficietur quod Ysayas prenuntiauit dicens: *Et erit lux lune sicut lux solis et lux solis erit septempliciter sicut lux septem dierum in die qua alligauerit dominus uulnus populi sui et percussuram plage eius sanauerit.*   35

65 Quenam est luna que tunc lucebit sicut sol absque uarietatibus crementi et decrementi quibus nunc uariatur in isto seculo nisi ecclesia que tunc erit similis soli suo deo? *Scimus,* inquit idem Iohannes, *quia cum apparuerit similes ei erimus quoniam uidebimus eum sicuti est.* Ipsa autem lux solis quanta erit? *Sicut lux septem dierum,* inquit. Quod est dicere: quante 40 claritatis erat deus Verbum, cum sex dierum fierent opera omnia (f. 95v) et septimo die complerentur omnia per ipsum, tante in carne sua tunc erit apud deum patrem suum.

66 Hoc enim et ipse orans dicebat: *Et nunc clarifica me tu, pater, apud temet ipsum claritate quam habui priusquam esset mundus apud te.* Adoremus igitur 45 Christum solem iusticie, lumen de lumine in diuinitate sua lumen illuminans, non illuminatum sed in humanitate sua illuminatum pariter et illuminans omnem hominem uenientem in hunc mundum utpote iam non sub modio positum sed super candelabrum.

67 Vide nunc, rogo, quam in alto posita est hec lucerna de testa 50 cristallina humanitatis et igne diuinitatis perfecta, que cum sit lumen de lumine nichil minus habet eo lumine de quo est. Ipsa quoque testa inde ignita totum habet lumen de quo et ipsa est lumen.
  Sicut enim in diuinitate tres personas dicimus unum deum simplicissimum sic in incarnationis mysterio dicimus tres essentias unum 55 Christum, unam in Trinitate personam cuius in proprietatem cum sit homo assumptus ita ut dicatur et sit dei filius quod est nomen proprium

---

30 nomen: Phil 2, 9. Cf. *Sent.* III, 18, 3; ed. Quaracchi (1916) 630-632.   35 sanauerit: Isa 30, 26.   39 sicuti: 1 Jn 3, 2.   40 dierum: Isa 30, 26.   45 apud te: Jn 3, 2.   46 lumen: from the Nicene Creed. Hilary, *De Syn.* 84; PL 10, 556A.   47 illuminans: Gregory I, *Moral.* XVIII, 50, 81; PL 76, 87A.   48 mundum: Jn 1, 9.   49 candelabrum: Mt 5, 15.   50 Vide: pulchra comparatio *marg.* MS.   55 essentias: St. Bernard, *De consid.* V, 8, 19; PL 182, 800A: ed. Leclercq-Rochais 482.

unius persone in Trinitate, absque dubio credendum et confitendum est
cum persone proprietate persone quoque (f. 96) diuinitatem peruenisse in
hominem qui sicut personaliter accepta filiatione dei uere dicitur et est 60
filius dei sic etiam substantialiter accepta diuinitate filii dei deus dicitur et
est.

68 *Personarum quippe proprietates*, ut ante nos dictum est, *non aliud quam
personas ipsasque non aliud quam unum deum, unam diuinam substantiam, unam
diuinam naturam, unam diuinam et summam maiestatem catholica fides confitetur.* 65
Vnde et *si diuidere quis conetur uel personas a substantia uel proprietates a personis nescio quomodo Trinitatis se profiteri cultorem possit qui in tantam rerum
numerositatem excesserit.*

69 *Dicamus itaque tres sed non ad preiudicium unitatis. Dicamus unum sed non
ad confusionem Trinitatis. Neque enim nomina uacua sunt nec absque significantia* 70
*casse uoces. Querit quis quomodo hoc possit esse. Sufficiat ei tenere sic esse. Atque
hoc non rationi perspicuum nec tamen opinioni ambiguum sed fidei persuasum.
Sacramentum hoc magnum est et quidem uenerandum non scrutandum quomodo
pluralitas in unitate et hac unitate aut ipsa in pluralitate. Scrutari hoc temeritas
est, credere pietas est, nosse uita et uita eterna est (f. 96v).* 75

70 Nosse autem non est huius uite sed credere unitatem in Trinitate ac
Trinitatem in unitate non solum in deo sed etiam in Christo, in homine
scilicet sic uncto ut anima et caro et utriusque unctio, que diuinitas est, sit
quedam Trinitatis representatio et summe Trinitatis quodam modo ab op-
positis imitatio. Ibi namque tres persone una est essentia: hic tres essentie 80
una sunt persona. Ibi due persone habent ab una quicquid possunt nec
tamen ideo minus possunt quia unius cum ea omnipotentie sunt: hic due
essentie habent a tercia quicquid possunt quia unius cum ea omnipotentie
sunt iuxta sensum Leonis pape dicentis quod premisimus *quia quod erat in
substantiis proprium non erat in potestate diuersum.* 85

71 Ibi una persona duarum est conexio: hic duarum essentiarum,
diuinitatis scilicet atque carnis, anima rationalis est quasi copula quoniam
ea mediante diuinitas est carni unita. Ibi a ueris adoratoribus adoratur
pater in spiritu et ueritate: hic item a ueris adoratoribus adoratur diuinitas
in anima et carne. 90

72 Ibi nec pater filius nec filius pater est aut spiritus sanctus. Et tamen
   In patre totus filius
   Et totus in Verbo pater.

63 personarum: St. Bernard, *De consid.* V, 8, 18; PL 182, 799A: ed. Leclercq-Rochais 482.   73
sacramentum: Eph 5, 32.   85 diuersum: Leo I, *Sermo* 31, 2; PL 54, 237A.   89 ueritate: Jn 4, 23-
24.   92 In patre: Ambrose, Hymn "Splendor paterne glorie..."; ed. C. Blume and G. M. Dreves, *Anal.*

Atque in ambobus totus amborum spiritus. Hic neque diuinitas caro neque caro diuinitas (f. 97) neque amborum quasi copula rationalis anima 95 uel diuinitas uel caro est nominanda. Et tamen in singulis horum totus Christus usque adeo indiuisus ut per solam animam Christus in infernum descendisse, per solum corpus Christus mortuus et sepultus, per solam diuinitatem, Verbo quidem innatam, carni uero et anime datam, semper ubique totus presens credatur Christus qui ad hoc descendit et ascendit ut   1 adimpleret omnia.

73   Si enim sol iste qui uisibilis est ad hoc descendit et ascendit ut suo splendore contingat uel impleat omnia sub se posita, quid mirum de sole iusticie cognoscente occasum suum et ascendente ad orientem, hoc est ad   5 ipsam diuinitatem, si affirmatur adimplere omnia sub se posita, non utique corporali sed spiritali magnitudine attingens a fine usque ad finem fortiter illuminans omnia ita ut etiam in tenebris luceat quamquam tenebre illum non comprehendant quia ipse uidet omnia quamquam non uideatur ab omnibus: homo in deum clarificatus et una in Trinitate per-   10 sona factus?

74   Ibi principalis unitas trium personarum: hic principalis unio trium essentiarum. Inde constat, ut Leo dicit, *humanam diuinamque naturam in unitate uenerandam* quia inferioris nature ad summam quasi aeris ad lucem representat oculis fidei unam diem.   15

V

De die sanctificato

1   Et *hec* est *dies quam* suo (f. 97v) splendore nubem carnis implente *fecit dominus* quemadmodum sol iste uisibilis nubem siue aerem suo splendore implendo temporalem diem facit. Hic est dies sanctificatus quem pater   20 sanctificauit et misit in mundum. Et uos, Iudeorum suppares, dicitis blasphemiam si quis illi assignat claritatem diuinam quam etiam habuit apud patrem et accepit apud matrem, habuit in diuinitate, accepit in humanitate ita ut humanitas et diuinitas ueneranda sit in unitate unius claritatis, unius glorie, unius potestatis.   25

hymn. 50 (Leipzig 1901) 12. Gerhoch, *Liber de nouitatibus* vi, 3. *Tractatus de eo quod persona sit in persona* 40; ed. N. M. Häring, in: *Arch. d'hist. doct. et litt. du moyen âge* 32 (1965) 147.   1 ubique: Cf. *Sent.* III, 22, 3; ed. Quaracchi (1916) 653.   2 adimpleret Eph. 4, 10.   7 finem: Wis 8, 1.   9 tenebre: Jn 1, 5.   12 Ibi: essentiarum in *marg.* MS.   13 Leo: *Sermo* 31, 2; PL 54, 236 B.   18 hec est dies: Text taken from the Mass of Easter Sunday.   23 apud: Jn 17, 5.

2   *Potestatem*, inquit, *habeo ponendi animam meam et iterum sumendi eam.* Vox
ista uox carnis est que animam suam potenter posuit potenterque resump-
sit. Nam neque anima semet ipsam posuit neque diuinitas, etiam in-
tercedente morte, uel ab anima uel a corpore separata fuit. Cuius potentia
in anima simul et carne permansit per quam et anima infernum debellare 30
et corpus et ipsam animam iterum sumere potuit potentia ineffabili potentia mirabili potentia non accidentali et separabili sed substantiali et in-
separabili. Alioquin sine diuinitatis potentia caro separatim intellecta non
prodesset quicquam comedentibus eam. Neque humanitas in sui natura (f.
98) diuinitati ullatenus est comparanda cuius respectu dicitur Christus 35
minor patre secundum humanitatem.

3   Sed cum adtenditur non simpliciter caro que non prodest quicquam
sed caro Verbi, caro dei deificata et glorificata sedens in dextra dei patris,
in gloria summa, rationabile iudicatur obsequium quod in excelso throno
adorat multitudo angelorum uirum cuius imperium non deest in eternum. 40

VI
De uiro adorando

1   O nefas! Angeli super celos celorum adorant uirum et rane in luto
coaxantes negant illum adorandum secundum quod uir dicitur soli
diuinitati sic assignantes adorationem ut ab ea separent ipsius humani- 45
tatem: contra doctrinam sanctorum patrum in synodo Ephesina, ut supra
memoratum est, precipientium ut utriusque nature in Christo una fiat
adoratio.

2   Sed huiusmodi ranarum strepitu contempto, nos adtendamus ueneranda sanctorum patrum testimonia quod affirmamus affirmantia, hoc scilicet 50
quod Iesus Christus in gloria dei patris est non solum secundum naturam
altissimam eternaliter sed etiam secundum natùram temporaliter quidem
creatam sed eterne diuinitatis gloria et honore coronatam ac proinde in
gloria quam accepit simul cum diuinitate adorandam adoratione in-
dissimili et prorsus equali quoniam hominis nature (f. 98v) unita Verbi 55
natura contulit illi omnem altitudinem diuitiarum paternarum.

3   Quid enim deest huic uiro in excelso throno sedenti de cunctis diuitiis
celi? Omnia sibi tradita sunt a patre cum hoc ei tradidit ut ipse non per

---

26 eam: Jn 10, 18.   29 anima: animam MS.   34 prodesset: Jn 6, 64.   36 humanitatem: *Sym-*
bolum Quicumque.   39 obsequium: Rom 12, 1.   46 Ephesina: *De nouitatibus* iv, 55.   49 huiusmodi:
huius modo MS.   53 coronatam: Heb 2, 9.   55 hominis: homini MS.   56 diuitiarum: Rom 11,
33.   58 tradita: Mt 11, 27.

adoptionem sed per generationem pater eius sit. Habet igitur omnia sibi
tradita non seorsum a patre sed in patre quia ut ecclesia canit: 60
  In patre totus filius
  Et totus in Verbo pater.
Ac proinde in patre habet quecumque ipse pater habet.

4 Verbi gratia, pater habet sub se omnia condita: homo in dei filium
natus gloria et honore coronatus et super opera manuum patris constitutus 65
eadem sub se habet omnia. Pater habet in se Verbum potentissimum per
quod omnia quecumque uoluit potuit et fecit: homo dei filius habet in se
idem Verbum per quod et ipse omnia quecumque uoluit potuit et fecit et
adhuc potest ac facit in celo et in terra.

5 Pater habet illud Verbum sibi connaturale: homo in deum assumptus 70
habet idem Verbum non solum unitum sue persone sed etiam
coadunatum sue nature. Tantam denique tamque expressam unionis uim
in se prefert ea persona in qua deus et homo unus est Christus ut, si duo
illa de se inuicem predices, non erraueris: deum uidelicet hominem et
hominem deum uere catholiceque pronuntians (f. 99). Non autem si- 75
militer uel carnem de anima uel animam de carne nisi absurdissime
predicas etsi similiter anima et caro unus sit homo.

6 Nec mirum si non eque potens anima sit sua illa uitali et ualida in-
tentione conectere atque suis effectibus astringere carnem ut sibi diuinitas
illum hominem, qui predestinatus est filius dei in uirtute, longa catena et 80
fortis ad stringendum diuina predestinatio. Ab eterno est enim. Quid
longius eternitate? Quid diuinitate fortius? Inde est quod nec morte in-
cidente ullatenus intercidi hec unitas potuit etsi carne et anima ab
inuicem separatis.

7 Et fortassis hoc sensit ille qui se indignum professus est soluere 85
corrigiam calciamenti eius. Habet igitur, ut dixi, homo assumptus Verbum patri connaturale coadunatum sue nature quia et deus in se hominem
assumpsit et homo in deum transiuit non uersibilitate nature sed dei
dignatione hominem in sui diuinam dignitatem prouehente. Item pater
habet in se spiritum sanctum de se procedentem: homo assumptus habet 90
eundem cum omni plenitudine gratie et ueritatis in se requiescentem.
Habet pater potestatem iudicandi omnia. Sed et omne (f. 99v) iudicium
dedit filio in humanitate quod eternaliter habuit in diuinitate.

---

61 In patre: See *De nouitatibus* iv, 72 and xxii, 10. 65 coronatus: Heb 2, 9. 81 predestinatio: the
text seems to be mutilated. 86 eius: Jn 1, 27. 89 dignatione: Gennadius, *De eccl. dogmatibus* 2; PL
58, 981B. *Utrum Christus* (Opera I, 285). *Liber de gloria* 12,5 (PL 194, 1115D). *Dialogus* (PL. 194,
1413C).

VII
Oppositio   95

1 Quid contra hec dicere habet sapientia carnis que inimica est deo?
Quid hic loci habent eorum uersutie qui contra hec locuntur dicentes: Si
diuinitas est incarnata, que non est aliud quam diuinitas patris, ergo pater
est incarnatus.

2 Ad quod respondemus quia qui hec dicunt filium dei concedunt in- 1
carnatum. Sed filius dei patris non est aliud quam ipse pater, licet sit alius
quam pater. Consequitur ergo iuxta sensum eorum, filio incarnato,
patrem quoque incarnatum esse.

3 Respondent: Filius est nomen proprietatis que non est eadem uel idem 5
cum proprietate patris. Et ideo non consequitur, proprietate hac incarnata
que ad filium dei pertinet, patrem quoque incarnatum esse qui aliam
proprietatem habet secundum quam pater dicitur.

4 Respondemus: Proprietas filii, quam conceditis incarnatam, uel idem
est quod filius uel aliud. Si est aliud quam filius, ergo secundum uos non 10
est incarnatus filius sed, ut dicere soletis, proprietas eius forinsecus ei affixa est incarnata et filii diuinitas ab incarnatione penitus est aliena. Quod
si uerum esse constiterit, non est unde salus hominum sperari possit que
(f. 100) in eo maxime consistit quod, ut dicit Gregorius, diuinitas
humanitate calciata in Idumeam extendit calciamentum suum. Neque 15
enim secundum uos diuinitas est calciata humanitate si non est incarnata.

VIII
Solutio

1 Hic adtendendum quod filius non est nomen proprietatis abstractim
considerate sed ipsius diuinitatis cum quadam proprietate: ut cum dicimus 20
deus de deo, lumen de lumine, significamus filii substantiam sua
proprietate a patre distinctam quam etiam predicamus incarnatam, non
aliud intelligendo per substantiam filii quam ipsum filium, sicut nec
proprietatem filii concedimus aliud esse quam ipsum filium, ne forte in-
cidamus errorem illorum qui deum asserunt compositum. Neque tamen 25
concedimus, filio incarnato, patrem quoque incarnatum credi oportere
quia hoc alienum est a catholica fide.

14 Gregorius: Gregory I, *Hom. in Euang.* 1, 7, 3; PL 76, 1101D.   Gerhoch *De nouitatibus* xxi, 14.
21 substantiam: personam *superscr. man. rec.* MS.   22 distinctam: que quidem persona filii est substantia diuina *add in marg. man. rec.* MS.

2   Licet enim carnem Christi pater et spiritus sanctus repleuerit, non
tamen susceptione sed maiestate id factum credimus quia neque pater
neque spiritus sanctus est incarnatus quamuis tota diuinitatis natura in   30
una sui persona sit incarnata sicut et tota humanitatis natura in una
Christi persona est deificata: aliis personis tam diuinitatis quam
humanitatis a sacramento incarnationis omnino sequestratis.

3   Christus enim sicut est persona diuina sic est etiam persona humana
idem ipse sine persone geminatione uel duplicatione subsistens ex (f. 35
100v) duabus et in duabus naturis adorandus in utraque quoniam, sicut
beatus dicit Augustinus, et deus in homine et homo in deo est adorandus.
Neque tamen adoratio ista qua creaturam in Christo adoramus ydolatria
est quia creatura ista creatori unita una est adoratione cum eo ueneranda
et honoranda.   40

IX
De diademate Salemonis

1   Si enim regem Salemonem deum dei filium fabricatorem celi et terre
iure adoramus in diademate quo coronauit eum mater sua, quomodo non
eundem hominem hominis filium fabricatorem totius ecclesie non   45
adoremus in diademate quo coronauit eum pater suus? Mater coronauit
deum corona humanitatis igne sancti spiritus conflate ac fabricate.

2   Pater coronauit hominem gloria et honore diuine claritatis increate
simul et inmense. Mater Syon dicet homo filio dei. Pater deus filium
hominis dicit filium suum contestans hominem esse deum cui dicit: *Tu es*   50
filius dilectus in quo mihi complacui. Non dicit: Tu placuisti, quod etiam
cuilibet sanctorum dici potest qui placens deo dilectus est, sed: In te, ait,
mihi complacui quia in te manens extra te mihi placere non potui.

3   Ego pater qui extra te filium numquam fui, cetera creata uidens extra
me laudaui eo quod erant ualde bona. Te uidens intra me laudo bonum   55
non accidentali dono sed essentiali (f. 101) bono quo et quanto nemo bonus nisi
solus deus. Ideo in te mihi complacui quia bonitatem meam totam in te
aspexi et dilexi etiam ante mundi constitutionem, cum ante creationem
hominum luderes in orbe terrarum et delicie tue esse cum filiis hominum.

31 sui: Christi *superscr.* MS.   35 idem: id est *superscr.* MS.   ipse: utrumque *add et del.* MS.   37
Augustinus: *Sermo* 246, 5; PL 39, 2200.   51 complacui: Mt 3, 17.   55 bona: Gen 1, 10.   56
essentiali: Gregory I, *Hom. in Euang.* I, 14, 1; PL 76, 1127C: "Non ex accidenti dono sed essentialiter
bonus est." Gerhoch, *Liber de gloria* 6, 6; PL 194, 1094B: "Pastor bonus non accidentali dono sed essentiali
bono, ut ait beatus Gregorius."   57 solus deus: Mt 19, 17.   59 esse: fuissent *in marg. man. rec.*
MS.   hominum: Prov 8, 31.

4   Egredientes filie Syon uident regem Salemonem in diademate quo 60
coronauit eum mater sua. Filie namque sunt et non filii sola exteriora
uidentes, que de matre sua habet deus, non interiora, que de patre suo
habet homo cui et dixit ipse pater: *Ego ero illi in patrem et ipse erit mihi in
filium.* Quod euidenter claret homini potius assumpto quam Verbo
assumenti promissum quia Verbum numquam non fuit patri deo filius 65
neque ipse pater fuit unquam ei non-pater quia sicut numquam fuit non-
deus ita numquam fuit non-pater.

5   Homini ergo in deum dei filium assumendo facta est illa patris
promissio quam commemorauimus et hec altera: *Ipse inuocabit me: Pater
meus es tu et ego primogenitum ponam illum excelsum pre regibus terre. Et ponam* 70
*in seculum seculi sedem eius et thronum eius sicut dies celi. Et sedes eius sicut sol in
conspectu meo et sicut lux perfecta in eternum.*

6   Propter hec et similia contemplanda ingredimini filii Syon et uidete
regem Salemonem in diademate quo coronauit eum pater suus dignatione
inestimabili hominem dignum iudicans accipere omnia que Verbum eter- 75
naliter habuit. Vnde non adulatione falsa sed laude uerissima canit ecclesia: *Dignus est agnus qui occisus est accipere uirtutem et diuinitatem et sapientiam et fortitudinem et honorem et gloriam et benedictionem.*

7   Que omnia Verbum eternaliter habuisse non dubitatur. Sed homo
assumptus eadem plenarie (f. 101v) accepisse cum gratiarum actione 80
memoratur quia totum quod Verbum habuit per naturam datum est
homini per gratiam: uirtus scilicet qua inuictissimus, diuinitas qua deus
est, sapientia qua eque ut pater nouit omnia preterita presentia et futura,
fortitudo qua potest omnia quecumque uult eque ut pater omnipotens
honor et gloria regni omnium seculorum et dominationis in omni 85
generatione et generatione, benedictio qua dedit illi deus sacerdotium
magnum et beatificauit illum in gloria fungi sacerdotio et habere laudem
in nomine ipsius. Ipse est enim benedictus qui solus uenit in nomine
domini, taliter scilicet ut sit nomen eius dominus non solum in illa natura
qua inuisibilis permansit sed etiam in illa qua uisibilis uenit.   90

60 Salemonem: Ct 3, 11.   64 filium: Heb 1, 5.   69 commemorauimus: commemouimus
MS.   72 eternum: Ps 88, 27.   78 benedictionem: Apoc 5, 12.   82 gratiam: See J. Châtillon,
Quidquid convenit filio dei per naturam convenit filio hominis per gratiam, in: *Divinitas* 11 (1967) 715-
727. Cf. Gerhoch, *Liber de gloria* 16, 6; PL 194, 1130D. *Utrum Christus*; Opera I, 289.   88 ipsius: Ex 28,
1.   89 domini: Mt 21, 9.

X
De aurea lamina

1   Vnde hic pontifex non solum in aurea lamina super caput eius posita expressum habet signum sanctitatis nomen dei fulgens in fronte, scilicet in superiore ipsius natura — caput enim Christi deus — uerum etiam in 95 uestimento et in femore suo scriptum habet: *Rex regum et dominus dominantium.*

2   Vidit hoc Petrus apostolus qui de filio hominis interrogatus ait: *Tu es Christus filius dei uiui.* Petri quoque successor Leo papa id ipsum fide Petri eruditus agnouit dicens in *sermone ad populum:*   1
   Deus dei filius de sempiterno et ingenito patre unigenitus sempiternus manens in forma dei incommutabiliter atque intemporaliter habens non aliud esse quam pater formam serui sine detrimento sue maiestatis accepit ut in sua nos proueheret, non in nostra deficeret. Vnde utrique nature in suis proprietatibus permanenti tanta est 5 unitatis facta communio ut quicquid ibi dei est, non sit ab homine separatum et quicquid est (f. 102) hominis, non sit a deitate diuisum.

3   Item idem:
   Absint a cordibus uestris, dilectissimi, diabolicarum inspirationum uirulenta mendatia. Et scientes quod sempiterna filii deitas nullo apud patrem creuit 10 augmento, prudenter aduertite quod cui nature in Ada dictum est: Terra es et in terram ibis, eidem in Christo dicitur: Sede a dextris meis. Secundum illam naturam qua Christus equalis est patri numquam inferior fuit unigenitus sublimitate generatoris. Nec temporalis ei est cum patre gloria qui ipsa est dextera dei patris de qua in Exodo dicitur: Dextera tua, domine, glorificata est in uirtute. Et in Ysaya: 15 Domine, quis credidit auditui nostro et brachium domini cui reuelatum est?

4   Idem quoque ut nomen domini tam in uestimento et in femore quam in capitis aurea corona etiam populo uidendum et legendum proponeret in *sermone ad populum de Epiphania* dicit inter cetera:
   Adorant itaque magi dominum et offerunt munera ut impleretur quod ait ille 20 precipuus prophetarum Dauid: Afferte domino patrie gentium, afferte domino gloriam et honorem. Domino et domino, quod ait, dominum illum esse secundum deum, dominum et secundum hominem mystico sermone declarat. Quod enim deus est

---

93 lamina: Ex 28, 38.   96 dominantium: Apoc 19, 16.   99 uiui: Mt 16, 16.   Leo: *Sermo 28*, 1;PL 54, 222A. Gerhoch, *Liber de gloria* 15, 4; PL 194, 1127A.   8 Item: Leo I, *Sermo* 28, 6; PL 54, 225A. Gerhoch, *Liber de gloria* 15, 14; PL 194, 1127B. *Utrum Christus*; Opera 1, 296.   12 meis: Ps 109, 1.   15 uirtute: Ex 15, 6.   16 reuelatum: Isa 53, 1.   17 Idem: Leo 1, *Sermo* 31, 2; PL 54, 236B.

*creator est mundi, quod homo est redemptor est mundi. Quomodo ergo non priuilegio
utriusque (f. 102v) substantie dominus est omnium Christus qui sibi uniuersa aut* 25
*creatione aut redemptione subegit. Afferte domino gloriam et honorem. Honoris est
ergo, karissimi, quod offerunt gentiles munera: glorie quod adorant.*

5   Hec apostolice fidei sanissima testimonia non ita suscipimus ut in
Christo deum et hominem duos dominos predicari estimemus *quia quod
erat in substantiis proprium, non erat in potestate diuersum,* ait idem Leo papa, 30
ut iam supra memorauimus. Atque ideo Verbi et hominis assumpti unum
dominium una potestas una uirtus una sapientia una fortitudo una
plenitudo diuinitatis que et in Verbo est naturaliter et in homine assumpto
inhabitat corporaliter i.e. incorporata et incarnata.

6   Si queris quomodo id fieri potuerit, audi beatum Gregorium prudentie 35
humane ista mysteria claudentem et fidei sane aperientem:
   Quis, inquit, *inuestigare potest quomodo corporatur Verbum, quomodo summus
et uiuificator spiritus intra uterum Virginis animatur? Cessa igitur inuestigare
quomodo ista ininuestigabilia fieri potuerint et crede quod angelus Virgini credendum persuasit quia scilicet non est inpossibile apud deum omne uerbum. Cum ergo* 40
*audis Verbum carnem factum, crede hoc factum sine ipsius Verbi permutatione sed
cum ineffabili (f. 104) carnis mutatione: permanente siquidem naturalis essentie
proprietate sed accedente ueteri substantie illa nouitate de qua dixit Ieremias:
Faciet nouum dominus super terram, femina circumdabit uirum.*

XI   45
De ueteri homine ac nouo

1   Primus et uetus homo de terra terrenus: secundus et nouus homo de
celo celestis. An non mirabile ac nouum est hoc ut celestis homo de celo
terrenam simul et celestem naturam in se habens ipsam terrenam super
omnes celos in semet ipso exaltauerit atque omni plenitudine diuinitatis 50
corporaliter inhabitantis ditauerit?

2   Alieni sint a nobis qui personam Verbi a natura ipsius alienantes ita
personam dicunt incarnatam ut inde separent ipsius Verbi naturam. Inde
est quod ipsi delirantes putant fideles delirare in canticis spiritalibus ubi
canunt: 55
*Mirabilis natura
Mirifice induta*

---

30 Idem: Leo I, *Sermo* 31, 2; PL 54, 237A.   35 Gregorium: *Hom. in Euang.* I, 7, 3; PL 76,
1101D.   40 uerbum: Lk 1, 37.   43 Ieremias: Jer 31, 22.   48 celestis: 1 Cor 15, 47.   51 corporaliter: Col 2, 9.   52 sint *corr. ex* sunt MS.   56 mirabilis: *Hymnus Notkeri;* ed. W. von den
Steinen, *Notker der Dichter* 2 (Bern 1948) 94. PL 131, 1005BC. U. Chevalier, *Rep. hymn.* 1 (Louvain
1892) 318, Nr. 5323. P. Classen, *Gerhoch* 172.

Assumens quod non erat
Manens quod erat
Induitur natura   60
Diuinitas humana.
Quis audiuit talia
Dic, rogo, facta?

Talia canentibus ecclesie filiis in incarnatione dei gloriantibus illi mouent risum, nescio quam personam fingentes incarnatam que, ut illi dicunt, 65 non est substantia diuina, cum nec persona hominis aliquatenus fingi possit que non sit substantia rationalis. Equidem et hoc ipsi fatentur esse descriptionem persone: substantia rationalis indiuidua.

XII
De personis   70

1 Que descriptio tam diuinis quam et humanis personis adaptatur quoniam sicut Petrus Paulus et Andreas tres humane persone sunt quorum quisque substantia rationalis est ita pater et filius et spiritus sanctus tres diuine sunt persone quorum quisque substantia rationalis est.

2 Et potest quidem aliquo modo significari substantia (f. 104v) sine per- 75 sona ut cum dicimus: deus est ineffabilis maiestas continens omnia creata — uel: homo est omnis creatura secundum quod dicitur: *Predicate euangelium omni crature.* In istis enim propositionibus natura supposita est, non persona, uel dei uel hominis, quamquam extra personas nec dei nec hominis naturam inuenias, licet eam sine respectu personali uel sup- 80 ponere uel predicare conpetenter ualeas.

3 Verum personas extra substantias uel naturas suas uelle significare nichil est aliud quam delirare ut, uerbi gratia, si patris personam in Trinitate intelligas uel intelligendam suadeas non esse deum aut Petri per-sonam non esse hominem.   85
Propterea tam in theologia quam in phisica rectius predicamus sub-stantiam de persona quam personam de substantia, quamquam interdum uideatur in diuinis predicatum et substantia subpositum ut cum dicimus: *Inmensus pater, inmensus filius, inmensus et spiritus sanctus.* Item: *Eternus pater, eternus filius, eternus et spiritus sanctus.* Item: *omnipotens pater, omnipotens filius,* 90 *omnipotens et spiritus sanctus.* Item: *Increatus pater, increatus filius, increatus et spiritus sanctus.*

---

66 substantia: nature *add in marg. man. rec.* MS.   78 creature: Mk 16, 15.   83 ut: *del. man. rec.*
MS.   85 hominem: P. Classen, *Gerhoch* 171.   88 dicimus: *Symbolum Quicumque.*

4 Istis enuntiationibus uidentur persone predicari et substantia supponi.
Verum non ita est quoniam conuenientius de unoquoque trium predicatur
quod sit omnipotens eternus inmensus increatus absque omni falsitatis 95
scrupulo quam si de eterno inmenso increato et omnipotente predices personas.

5 Vnde ubi dicit Iohannes: *Deus erat Verbum,* tractatores huius dicti
asserunt Verbum supponi, deum predicari. Et recte nimirum quia, supposita persona, ineuitabiliter coherens intelligitur persone substantia ut: 1
Petrus est homo, Paulus est homo, Andreas est homo. Item: Pater est deus,
filius est deus, spiritus sanctus est deus. Homine autem uel deo supposito
ut, uerbi gratia, si dicas: Homo est Petrus, deus est pater, uera quidem est
conexio sed (f. 105) inconsequens.   5

6 Non enim quem hominem esse proposueris, consequenter Petrum af-
firmare poteris quemadmodum quem Petrum esse proponis consequenter
hominem ineuitabili ueritate intelligis. Ita etiam in theologia quem
patrem proponis, hunc deum omnipotentem eternum inmensum increatum consequenter intelligere debes. At non ita quem omnipotentem 10
deum eternum inmensum proponis, consequenter esse patrem est
ineuitabile, cum possit aut filius aut spiritus sanctus ibidem intelligi.

7 Et est quidem ueritas in propositione qua dicitur: deus est pater. Sed
est inconsequentia in locutione. Inconsequentia tamen locutionum non
aufert ueritatem dictorum. Necesse est autem esse inconsequentiam 15
locutionis ubi non fuerit consequentia suppositionis. Neque tamen
preiudicat ueritati dictorum inconsequens conexio dictionum.

8 Est ergo uerum si dixero *inmensus pater* i.e. qui inmensus est, ipse pater
est ut inmensus habeatur pro subiecto et pater pro predicato. Sed est inconsequens conexio dictionum dum substantia, que trium communis est, 20
subicitur et persona singularis predicatur que ad tale subiectum necessario
non conectitur, cum et alia persona de illo possit intelligi. At si, ut ratio
conexionis exigit, persona supponatur, quicquid connaturales persone
habent substantiale, totum ineuitabiliter conectitur uni persone supposite

---

98 Verbum: Jn 1, 1.   4 ut: *del. man. rec.* MS.   5 connexio: See Gilbert's gloss on Eph 4, 10 transcribed by V. Miano, Il commento alle lettere di S. Paolo di Gilberto Porretano, in: *Scholastica ratione
historico-critica restauranda. Bibl. Pont. Ath. Antoniani* 7 (Rome 1951) 192 where Gilbert says: "Nec preiudicat
ueritati dictorum inconsequens conexio dictionum."   inconsequens: conuersio *add man. rec.* MS. Cf.
Gerhoch, *In Ps* 38; PL 193, 1412D.   14 inconsequentia: conuersionis *add man. rec.* MS.   15 inconsequentiam: inconsequentia MS.   16 consequentia: *corr. ex* elegantia MS.   17 dictionum:
Gilbert, *In Eph* 4, 10: "Nec preiudicat ueritati dictorum inconsequens conexio dictionum".   22 ratio:
directe *add man. rec.* MS.

ut: pater est inmensus omnipotens eternus et cetera huiusmodi. Item: 25
Petrus est homo animal corpus.

9   Que conexio communium predicatorum ad singularia subiecta ita est
ineuitabilis ut quicquid de singulari persona qualibet supposita
predicaueris, etiam de qualibet eius regulari predicato predicare possis ut,
uerbi (f. 105v) gratia, si uere proposueris Petrum esse crucifixum, con- 30
sequenter inferre poteris hominem et animal et corpus et christianum et
apostolum crucifixum.

10   Non autem e conuerso si proposueris hominem uel apostolum uel
christianum esse crucifixum, poteris inferre Petrum crucifixum, licet hoc
uerum sit quoniam eadem ratione probaretur et Paulus crucifixus. Quod 35
falsum est. Eodem modo si proponas deum dominum glorie crucifixum
non inde consequitur filium dei esse crucifixum licet hoc uerum sit
quoniam, si hoc esset consequens, eadem ratione probaretur et pater
crucifixus. Quod falsum est.

11   Proposito autem quod filius dei sit crucifixus, ineuitabiliter con- 40
sequitur deum dominum glorie crucifixum. Hinc est quod, filio dei incarnato et passo, consequenter et confidenter asserimus deum omnipotentem incarnatum et passum. Neque tamen, deo incarnato et passo,
consequitur patrem aut spiritum sanctum esse incarnatum sicut, homine
crucifixo, non est consequens Paulum uel Iohannem esse crucifixum. 45

12   Frustra ergo laborant noui, ut non dicam praui, doctores huius temporis iccirco dei substantiam sequestrando ab incarnatione ne, hac incarnata, uideatur pater incarnatus et spiritus sanctus quorum una est cum
filio substantia, ut fides habet catholica, quia sicut in humanis cum tota
humanitatis natura sit in una sui persona et tamen, illa paciente uel 50
moriente, non necesse est alias eiusdem nature personas conpati uel conmori, sic in diuinis cum tota diuinitatis natura sit in una qualibet sui persona, illa paciente uel moriente, non necesse est alias eiusdem nature personas conpati uel conmori.

13   Passo igitur deo dei filio (f. 106), non inde consequitur patrem 55
quoque passum esse ut uoluerunt Sabelliani qui et a nomine sui erroris
Patripassiani dicti sunt: in hoc permaxime decepti quod essentie uni atque
— ut illi uoluerunt — singulari tres proprietates attribuerunt ita dicentes:
unus idemque deus quando uult pater est, quando uult filius et quando
uult spiritus sanctus est atque ita, filio passo, consequens arbitrabantur 60
etiam patrem passum.

46 ut non dicam praui *del. man. rec.* MS.   57 patripassiani: Augustin, *In Ioh. Tr.* 37, 6; CCL 36, 334.
Sermo 183, 5, 6; PL 38, 990.

XIII
De nouis semi-Sabellianis

1 Noui autem semi-Sabelliani et ipsi essentiam quoque dei singularem
predicant. Et hoc nomen singularitatis magistri Gisilberti scripta super   65
Boetium et Apostolum frequenter inculcant. Ne autem sint omnino ad
plenum Sabelliani, tres trium personarum proprietates essentie dei, ut
aiunt, singulari minime attribuunt sed eas forinsecus affixas dicunt nec
eas deum esse concedunt.

2 *Naturales,* inquiunt, *persone his quibus unaqueque est aliquid prius a se*   70
inuicem sunt alie ut de his per hec a se aliis deinde huiusmodi extrinsecus affixa
predicamenta dicantur. Quorum oppositione etsi non sint alia, recte tamen eorum
quibus sunt oppositione probantur esse alia.
  Theologice uero persone, quoniam eius quo sunt singularitate unum sunt et sim-
plicitate id quod sunt, essentiarum oppositione a se inuicem alie esse non possunt sed   75
harum que dicte sunt extrinsecus affixarum rerum oppositione a se inuicem alie et
probantur et sunt.

3 Hec et similia magister Gillibertus in (f. 106v) suis *Glosis in Boetium*
dicens deitatis unius tres personas uel earum proprietates asserit forinsecus
affixas. Hoc dicendo a Sabellianis dissentiens et eisdem in eo consentiens   80
quod trium personarum essentiam predicat singularem: quo dicto excludit
patris et filii substantialem similitudinem et coequalitatem. Singularitas
enim non admittit uel similitudinem uel coequalitatem quam bene admittit unitas. Atque ideo ne similitudinis aut equalitatis inter patrem et
filium significatio perimeretur, singularitas reprobata et unitas con-   85
mendata est ab orthodoxis doctoribus.

4 Quod sanctus Hylarius in *Epistola de Synodis* affirmat hec inter cetera
dicens:
  Secundum essentiam et uirtutem et gloriam patri filius similis est. Ita similitudo
proprietas est. Proprietas equalitas est. Et equalitas nichil differt. Que autem nichil   90
differunt, unum sunt non unione persone sed unitate substantie.

---

65 singularitatis: For Gilbert's use of the term see the glossary in N. M. Häring, *The Commentaries on Boethius by Gilbert of Poitiers,* in: *Studies and Texts* 13 (Toronto 1966) 433.   66 Apostolum: Gilbert's commentary on St. Paul ("Sicut prophete post legem") is still unpublished. See the manuscripts listed by Fr. Stegmüller, *Rep. bibl. medii aevi* 2 (Madrid 1950) 346, Nr 2515. See also V. Miano, II commento alle lettere 171-199 and M. Simon, La glose de l'épître aux Romains de Gilbert de la Porrée, in: *Revue d'hist. eccl.* 52 (1957) 51-80.   70 Naturales: Gilbert, *De Trin.* I, 5, 42; ed. Häring 148.   87 Hylarius: *De Syn.* 74; PL 10, 529A.   91 unitate substantie: equalitate nature *Hilary*

5   Idem:
Vnam substantiam proprietatis similitudinem intelligamus ut, quod unum sunt,
non singularem significet sed equales. Equalitas autem nature non potest esse nisi
una sit: una uero non persone unitate sed generis.   95

XIIII

De similitudine patris et filii

1   Non nos latet quosdam hereticos fuisse quorum errorem ipsius auctoris
tacito nomine commemorat Epiphanius qui sic inter patrem et filium af-
firmarent similitudinem ut negarent equalitatem recipientes *omeusyon,*   1
quod est similis essentie, repudiantes *omousyon* quod est interpretatum (f.
107) unius essentie. Quibus et consentit concilium Ariminense ab
Arrianis habitum.

2   Hos iam dictus Hylarius ostendit reprobatos in *Synodis orientalibus*   5
quibus catholici patres et *omeusyon* receperunt contra Sabellium et *omousyon*
aduersus Arrium: *omousyon* i.e. unius essentie propter id quod dicit filius:
Ego et pater unum sumus, omeusion i.e. similis essentie propter id quod dicit:
Sicut habet pater uitam in semet ipso sic dedit et filio uitam habere in semet ipso.
Item: *Quecumque ille facit, hec et filius similiter facit.*   10

3   Quod autem similitudo et equalitas in deo idem sint, premissa Hylarii
dicta confirmant ubi secundum essentiam et uirtutem et gloriam patri
filius et similis et equalis ostenditur. Quibus omnibus in essentia diuina
singularitatis nomen repudiatur dum secundum essentiam patri filius, ut
dictum est, equalis ostenditur. Quod nec esset nec esse posset si essentia 15
duorum singularis existeret.

4   Proinde quod in *Dictis Ysidori* essentia dei singularis dicitur,
singularitatem pro simplicitate positam intelligamus ne magnis conciliis
et catholicis patribus nomen singularitatis a diuina usya sequestrantibus
iniuriam faciamus et filium patri substantialiter equalem denegare 20
uideamur. Nam quod secundum substantiam patri filius sit equalis, cum
premissa Hylarii dicta euidenter ostendant, id ipsum quoque beati
Augustini dicta conprobant.

---

92 Idem: Hilary, *De Syn.* 76; PL 10, 530A: Equalitas autem...generis.   99 tacito: Gilbert, *De Trin.* II,
1, 23; ed. Häring 168.   2 essentie: substantie *Hilary.*   3 Ariminense: held at Rimini in 359.   6
omousyon: Hilary, *De Syn.* 88, PL 10, 540A.   8 sumus: Jn 10, 30.   9 Ipso: Jn 5, 26.   10 facit: Jn
5, 19.   17 Ysidori: See Peter Lombard, *Sentences* I, 24, 1 (11); *Spicil. Bonav.* 4 (Quaracchi 1971)
189.   18 simplicitate: *del. man. rec.* remotione uniuersalitatis non communitati *add marg.* MS.

5   Qui in libro *De Trinitate* dicit inter cetera:

Non secundum hoc quod ad patrem dicitur, equalis est patri filius. Restat ergo ut 25
secundum id equalis sit quod ad se dicitur. Quicquid autem ad se dicitur, secundum
substantiam dicitur. Restat ergo ut secundum substantiam sit equalis.

6   Item Hylarius in *Epistola de Synodis* ait:

Non fallit, fatres karissimi, quosdam esse qui similitudinem confitentes negant
equalitatem (f. 107v). Sed loquantur, ut uolunt, et blasphemie sue uirus ingerant 30
ignorantibus. Si inter similitudinem et equalitatem differe dicunt, quero unde com-
paretur equalitas. Nam quia secundum essentiam et uirtutem et gloriam patri filius
similis est, interrogo ex quo non uideatur equalis. Nam etiam hec in superiori fide
constituta dampnatio est ut anathema esset qui patrem et filium dissimilis sibi
essentie diceret.   35

7   *Si ergo naturam neque aliam neque dissimilem ei, quem inpassibiliter*
generabat, dedit nec potest aliam dedisse nisi propriam. Ita similitudo proprietas
est. Proprietas equalitas est. Et equalitas nichil differt. Que autem nichil differunt,
unum sunt non unione persone sed equalitate substantie. Ita similitudo res ipsas
naturales coequat per similitudinem non differentis essentie.   40

8   *Omnis itaque filius secundum naturalem natiuitatem equalitas patris est quia*
est et similitudo nature. Et beatus Iohannes docet in natura patris et filii quam
Moyses in Seth filio Adam ad consimilitudinem dicit hanc equalitatem eandem esse
nature. Ait enim: Propter hoc eum magis querebant Iudei interficere quoniam non
solum soluebat sabbatum sed et patrem suum dicebat deum equalem se faciens deo. 45

9   Et post pauca:

Per Moysen Seth Ade similitudo accepta per Iohannem filius patris equalitas est.
Per hec pie potest quod unum sint predicari.

XV

Quod fides equalitatis et similitudinis et   50
unitatis in deo plurimum contra plures hereticos ualet

1   In his igitur, que dicta sunt, similitudo equalitas et unitas naturalis inter patrem et filium, que nichilo minus attinet ad spiritum sanctum, con-

---

24 libro: *De Trin.* V, 6, 7; PL 42, 915: CCL 50, 212.   28 epistola: Hilary, *De Syn.* 74; PL 10,
528C.   29 non: Nec me fallit *Hilary.*   30 sed: si MS. sed *Hilary.*   32 Nam quia: Namque si
Hilary.   patri: et tempus *add Hilary.*   34 et filium *add Gerhoch.*   37 Nec: non *Hilary.*   39 substantie: nature *Hilary.*   ita: Hilary, *De Syn.* 73; PL 10, 528B.   44 interficere: Jn 11, 53.   46 pauca:
De Syn. 73; PL 10, 528C.   47 accepta: est *Hilary.*   patris equalitas: patri equalis *Hilary.*

mendata plurimum contra plures hereticos operatur. Nam similitudo facit contra Noetum et eius discipulum Sabellium. Itemque contra Praxeam et 55 Hermogenem et Priscillianum qui unum eundemque (f. 108) putant esse patrem et filium et spiritum sanctum.

2   Quod si uerum esset, nulla inter eos esset similitudo quia, ut de duobus tantum loquamur, patre uidelicet ac filio, subintellecto eodem sensu de spiritu sancto, nec pater filio nec filius patri similis recte aut uere 60 diceretur si idem pater qui filius aut idem filius qui pater esset, cum similitudo non possit esse unius ad semet ipsum.

3   Item duorum equalitas eosdem confutat hereticos quia, dum alter alteri asseritur equalis, opinio singularitatis excluditur quam docent predicti heretici simulque inequalitatis quam docent Arriani et 65 dissimilitudinis quam docent Ethius et eius discipulus Eunomius.

4   Porro unitas, qua unum sunt pater et filius, non solum confutat antiquos Arrianos inducentes duos deos diuersos, alterum increatum alterum creatum, sed et nouos Iudeos eidem unitati contradicentes. Cum enim Christus dixisset: *Ego et pater unum sumus,* intellexerunt Iudei quod non in- 70 tellexerunt Arriani quodque nondum intelligunt Iudeorum suppares noui heretici. Hoc enim dicendo Christus ostendit se unius essentie cum patre quod Greci *omousyon,* Latini consubstantiale dicunt.

5   Notandum uero quod cum hic sensus de diuinitate Verbi offenderit Arrianos, non inde offenderat Iudeos quippe (f. 108v) de genitura Verbi 75 nullam fidem habentes. Arriani quippe negant Christum in diuinitate sua unum esse cum patre, unius uidelicet substantie uel essentie, quod utique a Iudeis sicut non est creditum ita non inuenimus denegatum ubi Christus se testatus est esse unum cum patre. Neque adhuc denegant eorùm semipedissequi equanimiter cum catholica ecclesia hoc recipientes quod 80 Christus, in diuinitate sua similis et equalis patri, unum est cum eo.

XVI

Distinctio inter Iudeos et Arrianos

1   Quid est ergo quod uel tunc offendit Iudeos uel nunc eorum sequaces? Audi ex eorum uerbis: *De bono,* inquiunt, *opere non lapidamus te sed de* 85 *blasphemia et quia tu homo cum sis facis te ipsum deum.* Igitur in hoc erat

---

55 Noetum: This information is derived from Gilbert, *De Trin.* I, 2, 8-10; ed. Häring 59.   70 sumus: Jn 10, 30.   73 consubstantiale: consubstantialem MS.   86 deum: Jn 10, 33.

Iudeis precipue offendiculum quod intellexerant homini attribui honorem
diuinum. Similiter eorum sequacibus nouis doctoribus omnino uidetur ab-
sonum quod nos homini assumpto in deum dei filium attribuimus
honorem diuinum confitentes eum esse ipsum deum utpote naturalem 90
non adoptiuum dei filium.

2   Quod cum et ipse confessus esset in concilio malignantium Iudeorum,
filium scilicet hominis uenturum in nubibus celi cum potestate magna et
se, ut interrogatus fuerat, esse Christum filium dei benedicti offensus hac
ipsa confessione summus sacerdos: *Ecce, ait, audistis blasphemiam. Quid uobis* 95
uidetur? (f. 109) Et illi acclamantes: *Blasphemauit,* inquiunt, *quid adhuc*
desideramus testimonium? Item ad Pilatum: *Nos,* inquiunt, *legem habemus et*
secundum legem nostram debet mori quia filium dei se fecit.

3   Hec et similia dicentes Iudei ostenderunt se precipue offensos in eo
quod Christus, cum homo esset, fecit se ipsum deum probans hoc ipsum   1
testimoniis operum diuinorum. *Si,* inquit, *mihi non creditis, operibus credite.*
Item cum se filium hominis ostendens dominum etiam sabbati et potenter
solueret sabbatum dixissetque: *Pater meus usque modo operatur et ego operor,*
subnectit euangelista: *Propterea ergo magis querebant eum Iudei interficere quia*   5
non solum soluebat sabbatum sed et patrem suum dicebat deum, equalem se faciens
deo.

4   Patrem suum dicebat deum. Quod nulli angelorum uel hominum
preter ipsum est concessum ut uidelicet patrem suum dicat deum. Et nos
quidem "preceptis salutaribus moniti et diuina institutione formati 10
audemus dicere" deo *Pater noster qui es in celis:* pronomine plurali dicendo
noster quia multi sumus per adoptionem filii uocati licet pauci electi.

5   Solus uero filius hominis per operationem diuini amoris, qui spiritus
sanctus est, conceptus in Virgine, ueraciter potest deum patrem Verbi sibi
uniti suum quoque patrem appellare dicens: pater meus uel (f. 109v) mi 15
pater singulariter. Non quod sit gemina filiatio Verbi assumentis et
hominis assumpti sed quod in filiolitatem Verbi eternaliter geniti sit homo
assumptus qui predestinatus est filius dei in uirtute secundum spiritum
sanctificationis quo, ut diximus, operante conceptus et natus est, angelo
protestante: *Quod enim,* ait, *in ea natum est, de spiritu sancto est.*   20

93 nubibus: Lk 21, 27.   96 uidetur: Mt 27, 65.   98 fecit: Jn 19, 7.   2 credite: Jn 10, 38.   4
operor: Jn 5, 17.   7 deo: Jn 5, 18.   10 preceptis: introduction to the Our Father in the
Mass.   11 celis: Mt 6, 9.   12 electi: Mt 20, 16.   18 predestinatus: Rom 1, 3.   20 sancto:
Mt 1, 18.

6   Cum igitur iste homo dicit: *Ego et pater unum sumus,* equalem se faciens
deo non rapinam arbitratus esse se equalem deo patri qui dedit ei esse in
forma dei sed confitetur gratiam sibi pre suis consortibus datam sapien-
tibus et prudentibus absconditam ut uidelicet, cum sit homo secundum
humanitatis conditionem minor patre, ut catholica fides habet, tamen 25
secundum uirtutem et gloriam eidem sue humanitati collatam sit non inferior aut minor deo patre. Quod Iudei et Iudeorum suppares nolunt
recipere arbitrantes blasphemiam esse creaturam creatori aliquo modo
coequare.

7   Quod et reuera magna est blasphemia nisi cum agitur de illa creatura 30
cuius magnitudo est ipsa diuinitas inmensa, non ad mensuram illi data, in
quo habitat omnis plenitudo diuinitatis corporaliter. *Cum enim*, ut Leo
papa dicit, *incorporea sit diuinitas quomodo corporaliter (f. 110) inhabitat nisi
quia caro nostri generis facta est caro deitatis?*
Igitur incarnata in una persona ipsa diuinitas contulit homini esse deum 35
deo patri equalem. Quod ei conferre non potuisset persona que deus non
esset uel proprietas persone que item deus non esset si forinsecus affixa
esset deitati uel personis eius.

8   Pereat igitur hec noua doctrina negans diuinitatem incarnatam et
nature humane sensibus uestitam nostreque mortalitatis pelle calciatam. 40
Pereant etiam proprietates ille uel persone que diuina substantia non sunt
et in cordibus impiorum non deum simplicem sed symulacrum talibus
proprietatibus compositum representant mentesque ipsorum a deo uero ac
simplici alienant.

9   Audiamus nos potius antiqua patrum testimonia non proprietatem, 45
filiationem inanem, sed ipsam filii dei personam substantiuam incarnatam
atque in ea carnem nostre nature deificatam glorificatam clarificatam et
super omnes creaturas (f. 110v) in inmensum exaltatam contestantia.
Testimonium itaque Christi dicentis: *Ego et pater unum sumus* diuerso sensu
et Arrianos et Iudeos offendit.   50

10   Arriani quippe inde sunt offensi quia Verbo quod erat in principio
denegabant esse unum cum patre. Iudei uero inde quia homini apud se
contemptibili grauiter indignabantur quod homo cum esset patrem suum
dicebat deum, equalem se faciens deo. Quod in eo intellexerant ubi
dixerat: *Ego et pater unum sumus.* Et Arriani quidem iam confutati con- 55

---

21 sumus: Jn 10, 30.   22 rapinam: Phil 2, 6.   32 Leo: *Sermo* 65, 5; PL 54, 364A: "Nam cum in-
corporea sit substantia dei quomodo corporaliter in Christo habitat... caro deitatis."   37 si: *superscr.*
MS.   38 esset: *superscr.* MS.   39 pereat: Cf. N. M. Häring, The Case of Gilbert, in: *Mediaeval
Studies* 13 (1951) 1-40.   54 deo: Jn 19, 7,   55 sumus: Jn 10, 30.

ticuerunt. Iudei uero et iudaizantes heretici adhuc indignantur hominem
assumptum in deum dei filium credi cum patre sic esse unum *ut assumpto
nichil diuinum et assumenti nichil desit humanum* sicut affirmat Leo papa.

11   Interponamus adhuc plura patrum testimonia id ipsum contestantia
non (f. 111) accidentalibus conexionibus ut illi qui dicunt sicut coloratus   60
intelligens dicitur propter persone unitatem que, corpore colorata, mente
intelligit sic in Christo diuina homini et humana deo attribuuntur propter
persone unitatem ut: Homo est deus omnipotens et deus ac dominus
glorie crucifixus est. Non, inquam, sic intendimus assignare uel homini
diuina uel deo humana sola personali unitate, quomodo coloratus dicitur   65
intelligens, uerum longe altius natura inferiore in Christo, salua sui essentia, in superioris nature omnimodam uirtutem et gloriam prouecta: quod
est eam ad dexteram patris exaltatam esse.

12   Non enim diuinitas humanitati sic est incapabilis ut color menti uel
intelligentia (f. 111v) corpori sed omnino pura in Christo humanitas   70
tamquam nubes candida capax diuini luminis et illud ei capabile fuit.
Propter quod pluuia totius diuinitatis in uellus purissime humanitatis
descendens denuo prelo crucis expressa in concham totius mundi sparsit
et spargit gracias diuisiuas non inminuta uel inminuenda umquam
plenitudine semel infusa homini assumpto cuius, ut ait Iohannes, *uidimus*   75
gloriam non quasi adoptiui sed *quasi unigeniti a patre pleni gracia et ueritate.*

13   Paulus quoque asserit omnem plenitudinem diuinitatis corporaliter
inhabitare in Christo et ipsum Christum esse dei uirtutem et dei sapientiam: Christi nomine significans humanam et unctam naturam pre suis
consortibus unctam et non solum filii dei persone unitam (f. 112) sed   80
etiam ipsius filii dei diuinitati coadunatam.

14   Vnde Augustinus *De uerbis domini:*
Adueniens diuinitas in uterum Virginis Marie auctoritate illa qua in paradyso

---

58 Leo: *Sermo* 63, 1; PL 54, 354A. Gerhoch, *Liber de ordine donorum*; Opera I, 138. *Ep. ad Eberhardum* 7;
PL 194, 1070D.   60 coloratus: Gerhoch, *In Ps* 39; PL 193, 1412BD. Gilbert, *In Eph* 4, 10. See V.
Miano, Il commento 191-192. Gerhoch gradually discovered the true author. "Huius assertionis uidentur
sibi habere patronum beatum Augustinum cuius pretendunt scriptum super Epistolam ad Ephesios in eo
loco *Qui descendit, ipse est qui ascendit*. Hic, inquiunt, Augustinus docet qui nature quidque persone
singillatim conueniat. Ait enim: "Hic dicendum..." Then Gerhoch points out (1412D): "In his dictis
primo notandum quod, licet beato attribuantur Augustino, multum diuersa sunt a stylo eius et in *Collectario*
eius dictorum super Apostolum hec non reperire potuimus. Vnde uerisimile animaduertimus quod hec
dicta non sint ipsius." Later Gerhoch added in the margin: "Glosis magistri Gisilberti super Apostolum inserta et a discipulis eius beato Augustino attributa." Cf. P. Classen, *Gerhoch* 117 and 437 ("ait magister
Gisilbertus").   71 nubes: Apoc 14, 14.   76 ueritate: Jn 1, 14.   77 corporaliter. Col 2, 9.   78
sapientiam: 1 Cor 1, 24.   82 Augustinus: *Sermo* 246, 2; PL 39, 2199: "Non turbetur cor
uestrum".

Adam de limo formauit carnem sibi ex substantia ipsius Marie fabricauit quam pro salute nostra suscipiens et sibi coadunans natus est deus et homo.   85

15   Ecce in his dictis habemus de duarum naturarum coadunatione qualis non potest esse coloris ad mentem uel intelligentie ad corpus quamquam in una persona sit et corpus coloratum et mens intelligens. Audiamus: in Christo natura inferior licet permanente sue conditionis essentia quo usque in superioris nature gloria sit magnificata glorificata et exaltata.   90

16   Iam dictus Augustinus item *De uerbis domini* exponens illud «Si diligeretis me gauderetis utique» dicit inter cetera:
Nature humane gratulandum est eo quod sit assumpta a Verbo unigenito ut inmortalis constitueretur in celo atque ita fieret terra sublimis, ut incorruptibilis puluis sederet ad dexteram patris. Hoc enim modo se iturum ad patrem dixit.   95

17   Item Leo papa in *sermone ad populum:*
Et re uera magna et ineffabilis erat causa gaudendi, cum in conspectu sancte multitudinis supra omnium creaturarum (f. 112v) celestium dignitatem humani generis natura conscenderit supergressura angelicos ordines et ultra archangelorum altitudines eleuanda nec ullis sublimitatibus modum sue prouectionis habitura-nisi   1
eterni patris recepta consessu illius glorie sociaretur in trono, cuius nature copulabatur in filio.

18   Item Augustinus in *Libro Retractationum* dicit:
Exposui epistolam apostoli ad Galathas non carptim i.e. aliqua pretermittens sed   5
continuanter et totam. Hanc expositionem uno uolumine comprehendi. In quo illud quod dictum est: Priores ergo apostoli ueraces qui non ab hominibus sed a deo per hominem missi sunt, per Iesum Christum scilicet adhuc mortalem, uerax etiam nouissimus apostolus qui per Iesum Christum totum iam deum post resurrectionem eius missus est, propter inmortalitatem dictum est totum iam deum quam post   10
resurrectionem habere cepit non propter diuinitatem semper inmortalem a qua numquam recessit, in qua totus deus erat et cum moriturus adhuc erat.

19   *Hunc autem sensum sequentia manifestant. Adiunxi enim dicens: priores sunt ceteri apostoli per Christum adhuc ex parte hominem i.e. mortalem. Nouissimus est autem apostolus Paulus per Christum iam totum deum i.e. omni ex parte in-*   15
mortalem. Hoc enim dixi exponens quod ait: Non ab hominibus neque per hominem

91 Augustinus: *In Ioh. Tr.* 78, 3; CCL 36, 525.   93 sit assumpta: sic assumpta est *Augustine.*   96
Leo: Leo I, *Sermo* 73, 4; PL 54, 396B. Gerhoch, *In Ps* 70; PL 194, 303A (abbreviated). *Ep. ad Eberhardum;*
PL 194, 1071AB. *Ep. ad Bernardum;* ed. Hüffer 269. *Liber contra duas hereses* 2; PL 194, 1169BC. *Liber de
gloria* 15, 5; PL. 194, 1128A.   4 Augustinus: *Retractationes* I, 24, PL 32, 622.

sed per Iesum Christum et deum patrem, quasi Christus iam non sit homo. Sequitur
enim: Qui suscitauit illum a mortuis, ut hinc appareret cur dixerit: Neque per
hominem. Proinde propter inmortalitatem iam nunc non homo Christus deus, propter
substantiam uero nature humane, cum (f. 113) qua ascendit in celum et nunc 20
mediator dei et hominum homo Christus Iesus, quoniam sic ueniet quomodo uiderunt
eum qui uiderunt euntem in celum.

20   Idem in *Epistola ad Philippenses:*
     Homini donatum est nomen quod est super omne nomen non deo ut cum
forma serui nominetur unigenitus filius dei. 25

21   Quisquis hec dicta beati Augustini fideliter legendo perspexerit, sane
intelligere poterit quia tantus doctor numquam sensit quod isti sentiunt
qui uolunt uocari ab hominibus Rabbi et magistrali, ut dicitur, auctoritate
astruunt hominis in deum assumpti solam personam non etiam naturam
diuinitatis habere uirtutem et gloriam quasi non magis diuinitas possit 30
esse humani spiritus et corporis quam color mentis uel intelligentia corporis.

22   Quod si sensisset ille beatus non affirmasset puluerem sedere ad dexteram patris, cum puluis nomen sit inferioris portionis in humana substantia. Item cum dicit propter inmortalitatem Christum iam totum deum, 35
claret humanam in Christo naturam talem accepisse inmortalitatem per
quam deificata sit plene in deum sicut Verbum ab eterno deus fuit
uerificata sententia que Iudeos offendit quando ipse Christus, cum homo
esset adhuc (f. 113v) mortalis, tamen sibi conscius inmortalitatis diuine
quam ipsius diuinitas ab eterno habuit queque humanitati eius iam tunc 40
in proximo cum hec loqueretur conferenda fuit equalem se hominem
faciens deo dixit: *Ego et pater unum sumus.*

23   Absit enim ut inmortalitatem solummodo qualem habent angeli
sancti uel habituri sunt homines beati, arbitremur homini assumpto qui
filius dei est collatam sed potius que soli deo assignatur assertione 45
apostolica ubi dicitur: *Qui solus habet inmortalitatem,* quam intelligendam
asserit beatus Gregorius diuine substantie inmutabilitatem quoniam omne
quod mutatur ab eo statu in quo prius erat moritur.

23 Idem: Augustine, *Contra Maxim.* I, 5; PL 42, 747: "Homini ergo donauit ista, non deo... ipsi donatum
est nomen quod est super omne nomen ut cum ipsa forma serui nominetur filius unigenitus." Cf. Gilbert,
In Phil 2, 9 (ed. V. Miano 195): "Christo nomen hoc datum est ut cum forma serui nominetur unigenitus
filius dei."   28 Rabbi: Mt 23,   33 beatus: Augustine, *In Ioh, Tr.* 78, 3; CCL 36, 525.   42 sumus:
Jn 10. 30.   43 inmortalitatem: 1 Tim 6, 16.   47 Gregorius: *Moral.* XII, 33, 38; PL 75, 1004A.

24 Deus autem quia nullatenus mutatur, nullatenus moritur. Qua in-
mutabilitate siue inmortalitate homo assumptus recte intelligitur uel, si 50
non potest intelligi, sane creditur in trono paterne glorie honorificatus ubi
sedet homo quiescens regnans iudicans eque ut deus pater eius. Vnde non
sub patre sed iuxta eum et ad dexteram eius habet sessionem: non localiter
ut humaniformii putant sed diuinitus requiem et iudicandi et dominandi
habens potestatem que recte sedes eius intelligitur.   55

XVII
Qualiter filius patri subiciendus intelligatur

1 Neque uero te moueat quod (f. 114) cum omnia subiecerit illi deus,
ipse quoque ab apostolo affirmatur deo subiciendus.

Lege Ambrosium in *Libro ad Gratianum* de hac subiectione futura pie 60
disputantem et opiniones tuas de subiectione iniuriosa fortiter ex-
sufflantem. Dicit enim inter cetera:

2 *Apostolicum recenseamus capitulum: Nouissime, inquit, inimica destruetur mors*
Omnia subiecit sub pedibus eius. Cum autem dicat: Omnia subiecta sunt ei, sine
dubio preter eum qui sibi subiecit omnia. Videmus igitur quia nondum subiectum sed 65
subiciendum esse scriptura conmemorat. Sicut enim si in me concupiscat caro aduer-
sus spiritum et spiritus aduersus carnem, non uideor esse subiectus.

3 *Ita quia omnis ecclesia unum corpus est Christi, quamdiu dissentit humanum*
genus, Christum diuidimus. Non ergo subiectus est Christus cuius adhuc membra
non sunt subiecta. Cum autem fuerimus non multa membra sed unus spiritus, tunc 70
et ipse subiectus erit ut per ipsius subiectionem sit deus omnia in omnibus.

4 Item post pauca:
Sicut in illo per carnem illam que est pignus nostre salutis sedere nos in
celestibus apostolus dixit utique non sedentes sic et ille per nostre assumptionem
nature dicitur subiectus in nobis (f. 114v).   75

54 humaniformii: uniformii MS. Gerhoch, *In Ps* 38; PL 193, 1415 C: "ut humaniformii putant." *Utrum*
Christus (Opera I, 306): "phantastica humaniformiorum somnia." See also Cassiodorus, *Hist. trip.* X, 7;
PL 69, 1171A. Gennadius, *Liber eccl. dogmatum* 4; ed. C. H. Turner, in: *Journal of Theol. Studies* 7 (1905) 90
speaks of *anthropomorphismus,* a term more commonly adopted by Gerhoch's contemporaries. Cf. Rupert of
Deutz, *De glorificatione* 4, 4 (PL 169, 77C) and Arno of Reichersberg, *Apologeticus contra Folmarum*; ed. C.
Weichert (Leipzig 1885) 25.   60 Ambrosium: *De fide ad Gratianum* V, 13, 160-169; PL 16, 707D.
Gerhoch, *Ep. ad Eberhardum* 3; PL 194, 1071CD. *Liber de gloria* 3, 5; PL 194, 1085D.   63 apostolicum:
This is a compilation from *De fide ad Gratianum* V, 13, 160 (707D), 161 (708A), 164 (708C), 169
(710A).   71 omnibus: *Ep. ad Eberhardum* 14; PL 194, 1072A.   72 item: *De fide ad Gratianum* V, 14,
179; PL 16, 712D.

5   Item:

Scriptum est quia cum mortui essemus peccatis conuiuificauit nos in Christo, cuius gratia estis salui facti, et simul suscitauit simulque fecit sedere in celestibus in Christo Iesu. Agnosco scriptum sed non ut homines sedere ad dexteram sibi patiatur deus, sed ut in Christo sedere quia ipse est omnium fundamentum et ipse est caput 80 *ecclesie in quo communis secundum carnem natura prerogatiuam sedis celestis emeruit. In Christo enim deo caro, in carne autem humani generis natura omnium hominum particeps honoratur.*

6   *Sicut ergo nos in illo sedemus per corporee communionem nature ita et ille qui per susceptionem nostre carnis maledictum pro nobis factus est, cum maledictum* 85 *utique in benedictum filium dei non cadat ita, inquam, et ille per obedientiam omnium erit subiectus in nobis, cum gentilis crediderit, cum Iudeus agnouerit quem crucifixit, cum Manicheus adorauerit quem in carne uenisse non credidit, cum Arrianus omnipotentem confessus fuerit quem negauit, cum postremo in omnibus fuerit sapientia dei, iusticia pax caritas resurrectio. Per sua igitur opera Christus et* 90 *genera diuersa (f. 115) uirtutum erit in nobis patri subditus cum, uiciis abdicatis et feriante delicto, unus in omnibus deo ceperit uno sensu populorum omnium spiritus adherere, tunc erit deus omnia in omnibus.*

7   *Conclusionem igitur totius absolutionis breuiter colligamus. Vnitas potestatis opinionem iniuriose subiectionis excludit. Euacuatio potestatum et uictoria de morte* 95 *quesita triumphatoris utique non minuit potestatem. Subiectionem operatur obedientia, obedientiam Christus assumpsit obedientia usque ad crucem, crux ad salutem. Ergo ubi opus ibi et auctor operis. Cum igitur omnia Christo subiecta fuerint per obedientiam Christi ut in nomine eius omne genu flectatur. Nunc enim quia non omnes credunt, non uidentur omnes esse subiecti. Cum ergo crediderint omnes et dei* 1 *fecerint uoluntatem, erit omnia et in omnibus Christus. Cum Christus fuerit omnia et in omnibus erit omnia et in omnibus deus quia pater manet in filio. Hec est pie subiectionis interpretatio.*

8   Item alibi: 5
    Quod si queris quemadmodum sit subiectus in nobis, ipse ostendit dicens: In carcere eram et uenistis ad me. Infirmus eram et uisitastis me. Quod uni ex minimis meis fecistis, mihi fecistis. In eo infirmus (f. 115v) in quo subiectus.

9   Item lege Hilarium de hac subiectione mirifice disserentem et gloriosam potius quam iniuriosam illam esse demonstrantem. Dicit enim 10 inter cetera libro xi:

---

76 item: *De fide ad Gratianum* V. 14, 181; PL 16, 713A.   84 sicut: *De fide ad Gratianum* V, 14, 182: PL 16, 713B.   94 conclusionem: *De fide* V, 15, 183; PL 16, 713C.   99 omne genu flectatur: omnes genuflectant *Migne*.   3 manet: manet semper *Migne*.   5 item: *De fide ad Gratianum* V, 14, 178; PL 16, 712C. Gerhoch, *Ep. ad Eberhardum* 15; PL 194, 1072D.

Subiectis omnibus ei preter eum qui subiecit ei omnia, tunc subicietur ipse subicienti sibi omnia. Subiectionis uero causa non alia quam ut sit deus omnia in omnibus. Finis itaque est esse deum omnia in omnibus. Et querendum nunc ante omnia est an finis defectio sit an traditio, qua dat regnum patri, amissio sit an subiectio infirmitas sit. 15

10   Et post pauca:

Que autem subiectionis illius proprietas sit idem apostolus testatus est cum ait: Qui transfigurabit corpus humilitatis nostre conforme corpori glorie sue secundum efficatie sue opera qua possit sibi subicere omnia. Subiectio itaque etiam ea est que est 20 *ex natura in naturam concessio dum a se secundum quod est desinens ei subicitur cuius concedit in formam. Desinit autem non ut non sit, sed ut proficiat. Fiat ex diminutione subitus in speciem suscepti alterius generis transeundo.*

11   *Denique ut sacramenti huius esset ratio absoluta post nouissime deuictam mortem dum ait: Cum autem dixerit omnia (f. 116) subiecta absque eo qui subiecit ei* 25 *omnia tunc et ipse filius subiectus erit illi qui ei subiecit omnia ut sit deus omnia in omnibus. Primus igitur sacramenti gradus est subiecta esse ei omnia et tunc ipsum subiectum fieri subicienti sibi omnia ut quemadmodum nos glorie regnantis corporis sui subdimur eodem rursum sacramento ipse regnans in gloria corporis subicienti sibi uniuersa subdatur.* 30

12   Et post pauca:

Regnat autem in hoc eodem glorioso iam suo corpore donec euacuatis magistratibus et morte deuicta subiciat sibi inimicos. Et quidem ab apostolo seruatus hic modus est ut magistratibus et potestatibus euacuatio, inimicis uero subiectio deputaretur. Quibus subiectis subcietur subicienti sibi omnia in omnibus, 35 *deo scilicet, ut sit deus omnia in omnibus nature assumpti corporis nostri natura paterne diuinitatis inuecta. Per hoc enim erit omnia in omnibus deus quia secundum dispensationem ex deo et homine hominum deique mediator habens in se ex dispensatione quod carnis est: adepturus in omnibus ex subiectione quod dei est, ne ex parte deus sit sed deus totus.* 40

13   *Non alia itaque subiectionis causa est quam ut omnia in omnibus deus sit, nulla ex parte terreni (f. 116v) in eo corporis residente natura, ut ante in se duo continens nunc deus tantum sit, non abiecto corpore sed ex subiectione translato neque per defectionem abolito sed ex clarificatione mutato, acquirens sibi deo potius hominem quam deum per hominem amittens ut sit deus omnia in omnibus per quod* 45 *non diuinitatis infirmitas est sed assumptionis prouectus dum homo et deus iam deus totum est.*

12 subiectis: *De Trin.* XI, 26-27; PL 10, 417D.   13 alia: alia est *Migne.*   17 pauca: *De Trin* XI, 35; PL 10, 422B.   23 diminutione subitus: demutatione subditus *Migne.*   24 denique: *De Trin.* XI, 37; PL 10, 423A.   31 pauca: *De Trin.* XI, 40; PL 10, 425A.   36 ut sit: *De Trin.* XI, 41; PL 10, 426A.

XVIII
Contra sensum iudaicum

1   Contra sensum quoque iudaice impietatis idem libro viii loquitur: 50
*Tulerunt igitur lapides Iudei ut lapidarent eum. Respondens: multa bona opera
ostendi uobis a patre. Propter quod eorum opus lapidatis me? Responderunt ei Iudei:
Pro bono opere non lapidamus te sed pro blasphemia et quia tu, cum sis homo, facis
te deum. At tu uero, heretice, quid agas ac profitearis agnosce. Et eorum te intellige
esse consortem quorum in te refers perfidie exemplum.*   55

2   *Ad id enim quod dictum est: Ego et pater unum sumus, Iudei lapides
eleuauerunt et eorum impius dolor ad sacramentum fidei salutaris inpatiens usque
ad impetum inferende mortis erupit. Quid tu? Non habendo quem lapides negando
minus efficis? Non differt (f. 117) uoluntas sed uoluntatem tuam inefficacem
celestis tronus effecit. Quantum irreligiosior Iudeo! Lapides ille in corpus eleuat: tu*   60
*in spiritum. Ille in hominem, ut putabat: tu in deum. Ille in diuersantem in terris:
tu in sedentem in trono uirtutis. Ille in ignoratum: tu in confessum. Ille in
moriturum: tu in iudicem seculorum.*

3   *Ille dicit: Tu cum sis homo. Tu dicis: cum sis creatura. Vterque dicitis: Facis te
deum. Hoc commune in eum impii uestri oris obproprium est. Negas enim deum ex*   65
*generatione dei. Negas filium ex natiuitatis ueritate. Negas: Ego et pater unum
sumus, confessionem unius in utroque atque consimilis esse nature. Subicis substantie
noue et externe et aliene deum ut aut alterius generis deus sit aut omnino nec deus
sit quia non ex dei natiuitate subsistat sed quia ad sacramentum dicti huius con-
motus es: Ego et pater unum sumus. Et Iudeo dicente: Tu cum sis homo facis te*   70
deum, tu pari inpietate dicis: Cum sis creatura, facis te deum.

4   *Dicis enim: Non es filius ex natiuitate, non es deus ex ueritate. Creatura es
prestantior cunctis sed non es in deum natus quia ex incorporali deo natiuitatem non
admitto (f. 117v) nature. Non modo tu et pater non unum estis sed nec filius es nec
similis es nec deus es. Iudeis quidem dominus respondit sed magis ad impietatem*   75
*tuam omnis hec apta responsio est: Nonne scriptum est in lege quoniam ego dixi dii
estis? Si ergo dixit illos deos ad quos uerbum factum est dei et non potest solui scriptura: quem pater sanctificauit et misit in hunc mundum, uos dicitis quia
blasphemaui quoniam dixi filius dei sum.*

50 impietatis: See P. Classen, *Gerhoch* 172.   51 tulerunt: *De Trin.* VII, 23; PL 10, 219A.   respondens: respondit eis *Migne.*   56 Ego et: et MS.   60 quantum: quanto tu *Migne.*   66 negas: negas
hoc quod *Migne.*   72 dicis: *De Trin.* VII, 24; PL, 10, 219C.   73 quia: *suppleui ex Migne.*

5   *Si non facio opera patris mei, nolite mihi credere. Si autem facio et si mihi non* 80
uultis credere, operibus credite ut sciatis et cognoscatis quoniam pater in me est et
ego in eo. Causam responsionis causa obiecte ei blasphemie intulit. Id enim ad
crimen deputabatur quod se, cum homo esset, deum faceret. Deum autem se facere
per id arguebatur quod dixisset: Ego et pater unum sumus.

6   *Demonstraturus itaque hoc quod ipse et pater unum essent ex natiuitatis usur-* 85
patum esse natura in eo primum ineptiam ridiculi obproprii conputat, cur in reatum
uocaretur quod se, cum homo esset, deum faceret. Cum enim lex huius nominis ap-
pellationem (f. 118) sanctis hominibus decerneret et sermo dei indissolubilis con-
firmaret hanc inpertiri in homines professionem quomodo hic quem pater sanc-
tificasset et in hunc mundum misisset blasphemus esset se dei filium confitendo, cum 90
cognominatos deos per legem deos indissolubilis dei sermo statuisset? Iam ergo non
est criminis quod se deum, cum homo sit, faciat cum eos qui homines sint lex deos
dixerit. Et a ceteris hominibus non irreligiosa huius nominis usurpatio est ab eo
homine quem sanctificauit pater. Omnis enim hic de homine responsio est quia dei
filius etiam hominis filius est.   95

7   Idem in undecimo:
Id enim homini acquirebatur ut deus esset. Sed manere in dei unitate assumptus
nullo modo poterat nisi per unitatem dei in unitatem dei naturalis euaderet ut per
hoc quod in natura erat deus Verbùm, Verbum quoque caro factum rursum in natura
dei esset atque ita homo Iesus Christus maneret in gloria dei patris, si in gloria   1
Verbi caro esset unita rediretque tunc in nature paterne etiam secundum hominem
unitatem Verbum caro factum cum gloriam Verbi caro assumpta tenuisset.

8   *Reddenda igitur apud se ipsum patri erat unitas sua ut natiuitas nature in se*
rursum glorificanda (f. 118v) resideret quia dispensationis nouitas offensionem   5
unitatis intulerat et unitas perfecta fuerat nulla esse nunc poterat nisi glorificata
apud se fuisset carnis assumptio.

9   Item:
Donatur Iesu ut ei celestia terrestria et inferna genuflectant et omnis lingua con-
fiteatur quoniam dominus Iesus Christus in gloria dei patris sit confitendus. Audis 10
itaque: Pater maior me est. Scito eum de quo ob meritum obedientie dictum est: Et
donauit ei nomen quod est super omne nomen. Audis rursum: Ego et pater unum
sumus et Qui me uidet uidet et patrem et ego in patre et pater in me est.

10   *Honorem donate confessionis intellige quia dominus Iesus in gloria est dei*
patris. Quando igitur illud est, pater maior me est? Nempe cum donatur ei nomen 15

---

93 et a: et si a *Migne.*   nominis: nominis est MS.   96 idem: *De Trin.* IX, 38; PL 10, 310A.   5
dispensationis: dispensati MS.   8 item: *De Trin.* IX, 54; PL 10, 324B.   11 maior me est: maior est
Migne.

quod est super omne nomen. At contra quando est Ego et pater unum sumus? Nempe cum omnis lingua confitetur quia dominus Iesus est in gloria dei patris. Si igitur donantis auctoritate pater maior me est, numquid per doni confessionem minor filius est?

11   *Maior utique donans est sed minor iam non est cui unum esse donatur. Si non* 20 *hoc donatur Iesu ut confitendus sit in gloria dei patris minor patre. Si autem in ea gloria donatur ei esse (f. 119) qua pater est habes et in donantis auctoritate quia maior est et in donati confessione quia unum sunt. Maior itaque pater est filio et plane maior cui tantum donat esse quantus ipse est innascibilitatis imaginem sacramento natiuitatis inpertit ei quem ex se in forma sua generat, quem rursum de* 25 *forma serui in formam dei renouat, quem in gloria sua secundum spiritum Christum deum natum donat rursum esse in gloria sua secundum carnem Iesum Christum deum natum.*

12   Idem in *Epistola de synodis:*
   Conseruatur dignitas diuinitatis ut in eo quod Verbum caro factum est, dum Ver- 30 *bum caro sit, non amiserit per carnem quod erat Verbum neque translatum in car- nem sit ut Verbum esse desineret, sed Verbum caro factum est ut potius caro hoc in- ciperet esse quod Verbum. Alioquin unde carni in operibus uirtutes, in monte gloriam, in cogitationibus humanorum cordium scientiam, in passione securitatem, in morte uitam?*   35

XVIIII
De scala Iacob

1   Hec et similia patrum catholicorum sensa congerendo uideor mihi uidere angelos descendentes et ascendentes super filium hominis in scala que demonstrata est Iacob dormienti. An non ascendunt cum (f. 119v) 40 sublimia de gloria Christi predicant ut est illud: *Ego et pater unum sumus* quod tam de humane quam diuine substantie in Christi gloria uerbis Hylarii supra exposuimus.

2   Item cum adtenditur Christus ante passionem dixisse: *Si diligeretis me gauderetis utique quia ad patrem uado quia pater maior me est,* angeli hec 45 predicantes descendunt. Post passionem uero cum dicit Christus: *Data est mihi omnis potestas in celo et in terra,* que uox est hominis assumpti cui data est omnis potestas Verbi sibi uniti, ascensiones in corde ista meditantes disponunt.

---

24 inascibilitatis: cui innascibilitatis esse *Migne.*   29 idem: *De Syn.* 48; PL 10, 516A.   45 uado: Jn 14. 28.   47 terra: Mt 28, 18.

3   Descendit Athanasius cum dixit: *Minor patre secundum humanitatem.* 50
Ascendit cum dixit: *Sedet ad dexteram patris omnipotentis.* Que utraque sunt
de natura humana cuius in priore sententia per nomen humanitatis ex-
primitur nuda conditio que non est maior in Christo quam in Petro nec
maior in Petro saluato quam in Iuda perdito: in secunda uero eiusdem
humanitatis exaltatio et glorificatio, descendente uidelicet atque ascen- 55
dente hoc angelo super filium hominis qui et minor est patre secundum
pure humanitatis conditionem et equalis (f. 120) immo unum cum ipso
secundum eiusdem sue humanitatis in diuine potestatis altam euectionem.

4   Sicut enim premissa patrum uerba testantur, homini assumpto datum
est esse in gloria patris ita ut hoc omnis lingua confiteatur quamquam 60
Iudei et iudaizantes heretici ualenter literati hoc negare audeant quorum
quidam dictis et scriptis hoc docent quod Christus in natura humana dei
filius non sit nisi per adoptionem, cum longe ante nos hic error sit con-
dempnatus in Bonoso heretico. Et meo quoque tempore, cum essem
Rome, ab Honorio papa fuerit exsufflata hec peruersa doctrina, porrecto ei
libello a quodam canonico Lateranensi hoc rationabiliter asserente quod 65
etiam secundum hominem Christus est filius dei naturalis, non adoptiuus.

5   Hinc ei illud priuilegium quod patrem suum dicit deum, uerbi gratia:
Pater meus usque modo operatur et ego operor, et alibi: *Ascendo ad patrem meum et
patrem uestrum,* se uidelicet naturalem filium secernens ab adoptiuis 70
quorum nulli congruit dicere pater meus pronomine singulari sed pater
noster communiter habent omnes dicere quos et filius naturalis in fratres
et pater in filios dignatur adoptare.

6   Profecto istum sensum non quidem dilexerunt (f. 120v) sed tamen intellexerunt Iudei cum, Christo nominante deum patrem suum, 75
iudicauerunt eum blasphemum. Quod de communi paternitate minime
sensissent quoniam et ipsi habebant hoc usitatum ut dicerent: Vnum
patrem habemus deum, siquidem ista paternitas gratie non coequat filios
patri omnipotenti ut illa singularis et naturalis in qua dicit filius
unigenitus: *Omnia mihi tradita sunt a patre meo.* Item: *Pater meus quod dedit* 80
mihi maius est omnibus.

7   Alias autem ubi se fratribus consociat sub paternitate gratie humilia
filiisque adoptiuis conuenientia de se loquitur ut illic: *Sed ut cognoscat mun-*

---

59 sicut.. non adoptiuus: Sackur 293.   64 Rome: In 1126 Gerhoch went to Rome "in legatione
domini mei Conradi Salzburgensis" (*Dialogus*; PL 194, 1377D). P. Classen, *Gerhoch* 90. Gerhoch, *Ep.* 21;
PL 193, 567CD. *Liber de ordine donorum*; Opera I, 70. *In Ps* 31; Opera II, 1, 89.   75 deum: Jn 8, 41.

dus quia diligo patrem et sicut mandatum dedit mihi pater sic facio. Non hic dicit
patrem meum uel pater meus neque communiter dicit pater noster sed ab- 85
solute pater, ut intelligas hoc nomine paternitate totius diuinitatis homini
assumpto mandata dictantis quid faciat, quid iudicet. Vnde ait: *Non possum
ego a me ipso facere quicquam sed sicut audio iudico.*

8   Apostolus quoque hanc paternitatem notat ubi ait: *Vnus deus et pater
omnium qui super omnes et per omnia et in omnibus nobis.* Et nos, cum dicimus: 90
Pater noster qui es in celis, totam inuocamus Trinitatem nomine (f. 121)
patris cuius gratia datur nobis ut filii dei uocemur et simus qui natura
eramus filii ire.

9   Sed is qui numquam erat filius ire solus dignus fuit audire a patre: *Tu
es filius meus dilectus, in te mihi complacui.* Item in psalmo: *Filius meus es tu,* 95
ego hodie genui te. Ac si dicat: Alios mihi alienos regenerabo in filios adop-
tiuos. Te ab eterno predestinatum filium meum in uirtute genui mihi
filium naturalem qui solus inuocabis me dicendo: *Pater meus es tu et ego
primogenitum ponam te.*

10   Magna dignitas huius primogeniti qui et ˙in diuinitate sua   1
primogenitus est omnis creature atque in humanitate sua primogenitus
mortuorum ut, sicut apostolus ait, sit *in omnibus ipse primatum tenens* tam in
humanitate sua, *cui data est omnis potestas in celo et in terra,* quam in
diuinitate sua cuius potestas est eterna.   5

XX
De eo quod dicit filius: Non possum a me
ipso facere quicquam.

1   Neque uero mouere debet quod dicit: *Non possum a me ipso facere
quicquam sed sicut audio iudico,* quasi per hec dicta notetur assumpti hominis 10
inpotentia, cum nec Verbum dei deus possit a se ipso facere quicquam,
quia nec a se ipso est sed a patre suo et est et potest, atque sine illo nichil
potest. Quod tamen non est inpotentia (f. 121v) sed magna potentia uel
potius omnipotentia sicut ex opposito angelum uel hominem posse aliquid
a semet ipso magna est infirmitas et inpotentia.   15

2   Quid est enim facere hominem aliquid a semet ipso nisi peccare?
Sicut enim cum quis loquitur mendatium ex propriis loquitur maxime si

84 facio: Jn 14, 38.   88 iudico: Jn 5, 30.   90 nobis: Eph. 4, 6.   91 celis: Mt 3, 17.   94 ire:
Eph. 2, 3.   95 complacui: Mt 3, 17.   96 genui: Ps 2, 7.   99 ponam: Ps 88, 27.   3 tenens:
Col. 1, 18.   4 terra: Mt 2, 18.   5 eterna: Dan 7, 14.   10 iudico: Jn 5, 30.

ita est mendax ut pater quoque et inuentor sit eius mendatii quod loquitur
sicut diabolus ita etiam, cum quis peccat, ex propriis et a semet ipso facit
quod facit.   20

3 Cum ergo dicitur: *Non potest filius a semet ipso facere quicquam nisi quod
uiderit patrem facientem* uel *non possum ego a me ipso facere quicquam,* uerba hec
sonant non inpotentiam sed omnipotentiam. Quod ex adiunctis intelligi
potest cum dicitur: *Quecumque enim ille facit, hec et filius similiter facit.* Quis
mihi tribuat spoliari hac potentia qua possum a me ipso facere aliquid 25
sicut primus homo de terra terrenus a semet ipso fecit quod ei serpens per
mulierem suggessit? Contingat mihi hac potentia priuari et perfecte in-
corporari homini de celo celesti qui non potest a semet ipso facere
quicquam licet habens cum patre suo eternam potentiam et uirtutem
inuictissimam et gloriam magnam quia quod dedit illi pater, maius est 30
omnibus.

4 Dicta hec exponens uenerabilis (f. 122) Beda presbyter ait:
Maius autem omnibus quod mediatori dei et hominum Iesu Christo pater dedit,
hoc est ut sit unigenitus filius eius in nullo gignenti uel natura dissimilis uel uirtute
inferior uel tempore posterior. Quam uidelicet equalitatem ipse dominus in diuinitate 35
habuit priusquam mundus esset apud patrem, ipse in humanitate ex tempore in-
carnationis accepit.

5 Maximus episcopus *De natali domini* tractans ipsam natiuitatem, qua
deus natus est ex femina, diuinam potius quam humanam nominandam
censuit dicens inter cetera: 40
Secreto quodam incomprehensoque conceptu procedit de mortali femina diuina
progenies. Nec mirum sane si extitit diuina natiuitas ubi non erat humana conceptio.

6 Idem:
Duas in Christo generationes legimus sed in utraque incomprehense diuinitatis est
uirtus. Ibi enim illum ex semet ipso genuit deus: hic eum Virgo deo operante con- 45
cepit. Illa natiuitate hominem fecit: hac generatione hominem liberauit. Cum autem
duas Christi legimus natiuitates, non bis asseritur dei filius natus sed gemina in uno
dei filio confirmatur esse substantia.

7 Idem:
Igitur deus qui apud deum erat prodiuit a deo et caro dei que in deo non erat 50
processit ex femina. Ita Verbum caro factum est, non ut deus euacuaretur (f. 122v)

---

32 Beda: *Hom* II, 21; PL 94, 246CD. Gerhoch, *Ep.* 10; PL 193, 522BC and 524A. *Ep.* 23; PL 193,
597C. *Liber de gloria* 16, 5; PL 194, 1129D. *Utrum Christus*; Opera I, 302.   38 Maximus: *Hom.* 11; PL
57, 245B.   natali: natale MS.   43 idem: *Hom.* 10; PL 57, 242C (abbreviated).   44 legimus:
docemur *Migne.*   49 Idem: *Hom.* 10; PL 57, 243A.

in hominem, sed ut homo glorificaretur in deum. Itaque non bis natus est deus sed
ex duabus natiuitatibus i.e. dei et hominis se ipsum unigenitus patris atque in sese
hominem unum esse uoluit deum: generationem eius quis enarrabit?

8 Idem in eodem: 55
Quomodo comprehendere potest homo deum factus ingenitum mortalis eternum? Si
inuestigare niteris qualiter deus in hominem uel homo transiuit in deum, inuestiga
prius, si potes, quomodo ex nichilo factus est mundus.

9 Quid contra hec dicere habent qui humanam in Christo naturam a
diuina uirtute sic alienam fingunt ut assumpta in personam uel 60
proprietatem persone, que deus non sit, nomen quod est super omne
nomen habere non possit nisi, ut dicunt, in persona? Et utinam sic ista
dicerent ut personam ipsam filii dei, cuius in unitatem assumptus est
homo, concederent esse deum et diuinam substantiam.

XXI   65
Quod filii persona diuina substantia sit

1 Non, inquiunt, possumus concedere quod proprietates in deo quibus
deus non aliquid est sicut diuinitate deus, bonitate bonus, magnitudine
magnus uel, ut ait Boetius, ipsum bonus, ipsum magnus est sed potius ad
aliquid dicitur ut pater non ad se sed ad filium et filius ad patrem — non, 70
inquiunt, concedimus huiuscemodi proprietates forinsecus (f. 123) affixas
inter substantialia uel inherentia conputari neque in diuina certe neque in
humana substantia. Tibi enim exi.tenti in Arabia si filius nascatur in
Hibernia, que circa te, queso, ob hoc accidit permutacio?

2 Ad hec respondemus quod qui hec de dictis, ut aiunt, Boetii ac 75
magistri Gilliberti Boetium glosantis conceperunt, hoc pariter ibidem
notasse debuerunt quod auctor dicit:
    In naturalibus rationabiliter, in mathematicis disciplinaliter, in diuinis in-
tellectualiter uersari oportebit nec deduci ad imagines sed ipsam inspicere formam
que uere forma neque imago est et que ipsum esse est et ex qua esse est.   80

3 Cum ergo prohibeat auctoritas in diuinis mathematice uersandum,
quare tu mathematica consideratione abstractim consideras uel
proprietates personarum quasi extrinsecus affixas que ipse persone non
sint, ut in humanis personis promptum est animaduerti uel personas ipsas
quasi extra substantiam: quod neque in humanis neque in diuinis personis 85
reperire poteris?

---

52 itaque non bis: ita nobis MS.   55 Idem: *Hom.* 10; PL 57, 243B.   69 Boetius: *De Trin.* 2; ed.
Stewart-Rand 8.   77 auctor: Boethius, *De Trin.*, 2; p. 8.   80 neque: et MS. substantiam subiectam non
subiecti *marg.* MS.

4   Omnis enim persona humana est humana substantia. Et omnis persona diuina diuina utique substantia est. Nam et pater quod est nomen persone tam in diuinis quam in humanis nominat et nominando significat (f. 123v) substantiam cum proprietate relationis, homini quidem forin- 90 secus, ut dicitur, affixe ut, uerbi gratia, patriarche Abrahe paternitatis relatio ad Ysaac filium suum extra se positum pluribus accidentibus a se discretum. Que si omnia mathematica distinctione secernas, locum tamen quo alter ab altero distat unum fingere non poteris.

5   Aliter uero est in deo. Nam et ibi pater substantiam cum proprietate 95 nominat et nominando significat. Sed eandem proprietatem sensu mathematico a deo et dei substantia quasi extrinsecam distinguere, sicut in homine, alienum est a fide catholica qua credimus unum deum in Trinitate uenerandum ita ut queque in Trinitate persona sit plenus deus et diuina substantia eadem et una deitas et unus deus.   1

6   Vnde in Trinitate, una persona incarnata, credimus eiusdem persone substantiam incarnatam sicut magnus Basilius totam diuinitatem in una sui persona incarnatam testatur in libro *De dispensatione* dicens:

7   *Sicut confitemur deitatis naturam omnem perfecte esse in unaquaque ipsius per-* 5 *sonarum — omnem quidem in patre, omnem in filio, omnem in spiritu sancto: unde et perfectus deus pater, perfectus deus et filius, perfectus deus et spiritus sanctus — sic etiam et in humanatione unius persone sancte Trinitatis dei Verbi dicimus omnem et perfectam naturam (f. 124) deitatis in una ipsius persona unitam esse omni humane nature et non partem parti.*   10

8   *Dicit autem diuinus apostolus quoniam in ipso habitat omnis plenitudo deitatis in corpore domini i.e. in carne ipsius. Et huius discipulus multum diuina intuitus Dionisius quod omnino nobis in una ipsius communicauit personarum. Non autem dicere cogimur omnes deitatis personas uidelicet nobis secundum personam uniri. Secundum nullam enim communicauit rationem pater et spiritus sanctus incarnationi* 15 *Verbi dei nisi secundum beneplacitum et uoluntatem. Omni enim humane nature dicimus unitam esse omnem deitatis substantiam.*

9   *Nichil enim eorum que in nostra a principio plantauit natura nos componens reliquit. Sed omnia accepit: corpus, animam intellectiuam et rationalem et horum*

---

90 proprietate: Priscian, *Instit.* II, 25; ed. M. Hertz (Leipzig 1855) 58: (nomen) substantiam et qualitatem significat.   94 fingere: Boethius, *De Trin.* 1; ed. Stewart-Rand 6.   97 deo: et dei substantia quasi extrinsecam *marg.* MS.   1 eadem: eadem et una deitas *marg.* MS.   3 Basilius: Rather St. John Damascene. Cf. P. Classen, Der verkannte Johannes Damascenus 297-303.   4 libro: John Damascene, *De dispensatione* 50, 2; ed Buytaert 399. MS Admont, Stiftsb. 767, f. 64v.   12 intuitus: uel indutus *superscr.* MS.

propria. Animal enim sine unius horum parte non homo est. Totus enim totum 20
assumpsit. Et totus toti unitus est ut toti salutem largiatur.

10   Idem post aliqua:
   *Eadem natura in unaquaque personarum consideratur. Et cum dicamus naturam
Verbi incarnatam esse secundum beatos Athanasium et Cirillum deitatem dicimus
unitam esse carni. Quare naturam Verbi dicentes ipsum Verbum significamus. Ver-* 25
bum autem et communitatem substantie et proprietatem (f. 124v) persone possidet.

11   Item post pauca:
   *Sciendum autem quod, quamuis ingredi inuicem domini naturas dicamus, sed
tamen scimus quod ex diuina ingressus factus est. Hec enim omnia penetrat sicut
uult et circumscribit : per ipsam autem nichil. Et hec autem propria carni assignat* 30
permanens ipsa impassibilis.

12   Hec propter eos inducta sint qui sic putant personam filii incarnatam
ut naturam persone autument ab incarnatione alienam. Quorum sensum
uel potius insaniam non satis mirari possumus, cum nomina hec pater,
filius, et spiritus sanctus personarum presentatiua denegare non possint 35
etiam substantiam significare.

13   Neque enim uacua sunt nomina. Sed unumquodque illorum
significat substantiam cum proprietate sua. Quod significatum Greci *ynoc-
tacin* i.e. subsistentiam, Latini personam uocant. Ideoque cum ex tribus
personis uel subsistentiis una incarnata creditur, nullo modo substantia 40
eius debet credi ab incarnatione alienata. Nam cum *Verbum*, ut Basilius
ait, *et conmunitatem substantie et proprietatem persone* possideat, Verbo incarnato, substantia Verbi non potest non esse incarnata.

14   Et hoc est quod Leo papa dicit ueram diuinitatem ueris nature
humane (f. 125) sensibus indutam et quod Gregorius dicit diuinitatem 45
calciatam et Boetius dicit humanitatem naturali unitate divinitati coniunc-
tam: bene utique naturali quoniam natura hominis ita est condita ut esset
capax diuine sapientie que Verbum dei est. Que cum se multis hominum
personis participandam indulserit quos et sui participacione prophetas et
sapientes fecit solum sibi unitum hominem sic impleuit ut non tam recte 50
sapiens quam ipsa dei sapientia dici possit, predicante apostolo Christum
dei uirtutem et dei sapientiam.

---

22 idem: *De dispens.* 50, 6; p. 401. MS Admont, Stiftsb. 767, f. 66: "Eadem igitur natura..."   27
pauca: *De dispens.* 51, 6; p. 403. MS Admont, Stiftsb. 767, f. 77: "Sciendum autem est..."   29 tamen:
enim MS.   41 Basilius: Rather John Damascene.   42 persone: The .text is found above in
Nr.10.   44 Leo: *Sermo* 65, 2; PL 54, 362C. See *De nouitatibus* iv, 61.   45 Gregorius: *Hom. in Euang.* I,
7, 3; PL 76, 1101D. *De nouitatibus* vii, 4.   46 Boetius: Boethius, *Contra Eutychen*; ed. Stewart-Rand 118.

15   Dicis itaque mihi: Si Verbi diuinitas incarnata est, patris autem atque
Verbi ac spiritus sancti una est diuinitas, quomodo Verbi diuinitate incarnata pater non est incarnatus ac spiritus sanctus?   55
    Respondeo tibi quia quomodo illud sit, non est huius temporis scire:
credere autem necessarium. Credenti autem non erit inpossibile omne
uerbum quia omnia possibilia credenti.

16   Et plures quidem plura inducunt ad unius essentie in tribus personis
demonstrationem. Verbi gratia: unius anime mentem noticiam amorem   60
uel unius mentis memoriam intelligentiam uoluntatem uel unius radii
calorem et splendorem uel (f. 125v) unius arboris radicem, truncum et
ramum uel unius aque fontem riuum et stagnum.

17   Sed nos de omnibus huiusmodi similitudinibus id magis eligimus
quod intellectum dat paruulis. Quis enim uel paruulorum non intelligat 65
quod unius aque fons riuus et lacus tria hec omnino substantie sunt unius
ac nature? Denique si talem fontem cogites qui de sese riuum emittat ita
ut riuus in lacum se colligat lacusque ipse uenas fontis contingat iuxta
quod omnia flumina redeunt ad fontem suum ut iterum fluant.

18   Nonne aqua ista in fonte riuo ac lacu est una et eadem, quamquam 70
illa tria de se inuicem predicari non possint ita ut dicatur fons esse riuus
aut riuus lacus? Adde quod riuo infistulato in solo riuo tota substantia
illius aque infistulata cernitur et tamen neque fons neque lacus uere dici
potest infistulatus, cum tota eorum substantia in solo riuo sit infistulata.

19   Item ex uno radio splendor et calor procedit nec ab illo recedit. Sunt- 75
que tria hec radius splendor et calor, licet suis proprietatibus distincta
tamen localiter indiuisa. Et splendor solus inter hec tria suscipit
illuminationem (f. 126) sicut calor solus desiccationem. Verum quia in
similitudinibus huiusmodi a creaturis ad creatorem accomodatis non licet
usque ad imaginationes mutabilium descendere contemplantem uel 80
disputantem, illuc per ista mutabilia mens est eleuanda ubi *non in unius*

---

60 mentem: The ternary is borrowed from Gilbert, *De Trin*, I, 3, 46; ed. Häring 111. Cf. M. Schmaus,
Die psycholog. Trinitätslehre des hl. Augustinus, in: *Münst. Beiträge zur Theologie* 11 (Münster 1927) 310
ff.   63 fontem: Abelard, *Theol. christiana* IV: PL 178, 1287B: "Fuit et quidam nouissimis temporibus
nostris Anselmus uidelicet Cantuarensis metropolitanus... cuius, ni fallor, similitudinis fundamentum a
beato sumpsit Augustino scribente ad Laurentium papam de hoc ipso et fontem et eius riuum... Ponit
itaque predictus archiepiscopus quasi tria: eiusdem substantie fontem uidelicet riuum et stagnum." Cf.
Hilary, *De Trin.* IX, 37; PL 10, 308C. Augustine, *De fide et symbolo* 8, 17; PL 40, 189-190. Anselm, *Ep. de
Incarn.* 13; ed. F. S. Schmitt, *S. Anselmi opera* 2 (Rome 1940) 31.   72 infistulato: Abelard (PL 178,
1287B): "Posuit etiam riuum in fistula... ac si riuum infistulatum dicamus Verbum incarnatum."

singularitate persone sed in unius Trinitate substantie sic tres unum sunt, ut
unitas qua unum sunt ipsi sint quemadmodum ipsa diuinitas qua deus
sunt et ipsa ueritas et bonitas qua uerum bonum sunt ipsi sunt.

XXII   85
Confutatio praue doctrine

1   Miror autem cum auctoritas habeat patrem esse ueritatem, filium esse
ueritatem, spiritum sanctum esse ueritatem, patrem filium et spiritum
sanctum non tres ueritates sed unam esse ueritatem, quare magister
Gillibertus talem glosam posuerit ut diceret in Boetium: 90

2   *Pater ueritas i.e. uerus est. Item filius ueritas i.e. uerus est. Item spiritus sanc-*
tus ueritas i.e. uerus est. Et collectim pater filius spiritus sanctus non sunt tres
ueritates sed sunt una singulariter et simpliciter ueritas i.e. unus uerus.

3   Quem putamus expositio hec sensum inportat nisi ut nec pater intelligatur esse ipsa ueritas sed ueritate uerus? Item filius non ueritas sed 95
ueritate uerus. Et item de spiritu sancto et de tota Trinitate id ipsum
astruit quod deus trinus non sit una ueritas sed, sicut ipse ait, unus uerus
ueritate que secundum eius doctrinam nec pater nec filius nec spiritus
sanctus nec Trinitas (f. 126v) sit nec deus sit.

4   Quo modo in alio loco diuinitatem introducit qua deus sit, non que   1
deus sit. Ita enim dicit:
  Qui est homo ut Plato uel Cicero uel Tripho uel qui est deus ut pater uel filius
uel spiritus sanctus: quod dicitur illorum quilibet esse homo et istorum quilibet esse
deus, refertur ad substantiam non que est sed qua est.   5

5   Auctoris autem uerba sic se habent:
  Qui homo est uel deus, refertur ad substantiam qua est aliquid i. e. homo uel
deus.

6   Planiora fateor uerba sunt auctoris quam expositoris quoniam auctor
eum qui homo est — uerbi gratia Petrum uel Paulum — per hominis 10
uocabulum substantiuum substantiam significat humanam esse: et item
illum qui deus est — uerbi gratia pater aut filius aut spiritus sanctus per

---

82 Trinitate: Text taken from the Preface of the Mass on Trinity Sunday,   87 auctoritas: Boethius, *De*
predicatione; ed. Stewart-Rand 34.   91 Pater: Gilbert, *De Trin.* II, 1, 47; ed. Häring 172.   3 Qui:
Gilbert, *De Trin.* I, 4, 98; ed. Häring 135.   6 auctoris: Boethius, *De Trin.* 4; ed. Stewart-Rand 22.   9
expositoris: Cf. Bernard, *In Cant. sermo* 80, 4, 8; PL 183, 1170C: ed. Leclercq-Rochais 282.

dei nomen substantiuum substantiam diuinam significat esse. Ac proinde quia substantia tam diuina per nomen dei quam humana per nomen hominis de pluribus uera et naturali conexione predicatur sicut nec 15 humanam ita nec diuinam substantiam dicit auctor alicubi singularem, cum iste nouus expositor seu transpositor diuinam substantiam creberrime dicat singularem contra synodalem diffinitionem qua, ut Hylarius commemorat in *Synodis orientalibus* et singularitas est reprobata contra Sabellium et Fotinum et substantialis equalitas ac similitudo naturalis in- 20 ter patrem et filium est recepta contra Eunomium et Arrium (f. 127) ita ut essentia deitatis nec singularis diceretur nec diuersa quoniam singularis non est que trium est nec diuersa que unitas ipsorum trium est nec differens in se, quamquam de tribus alteritate relationis differentibus ipse predicetur magis et rectius per nomina essentialia quam per nomina 25 sumpta.

7   Magis enim proprie dicitur pater ac filius ac spiritus sanctus atque totus trinus deus esse bonitas ueritas iusticia quam bonus uerus iustus et similia que omnia sunt in deo una simplex non tamen singularis essentia. Si enim singularis esset ipsorum trium ueritas cum ueritas de terra orta sit, 30 quam intelligimus ipsum dei filium de Maria natum, consequeretur id quod Sabellius uoluit: patrem uidelicet esse incarnatum et passum filio eius qui ueritas est incarnato et passo.

8   Sed hoc secernit patrem ueritatem ab incarnatione ueritatis genite quod ipse pater est ueritas a nullo, filius autem est ueritas de ueritate sicut 35 est lumen de lumine, deus de deo, sapientia de sapientia, iusticia de iusticia. Vnde recte patris imago dicitur et *figura substantie eius* in ipsius, patris scilicet, expressa substantia tamquam si regis imago in auro expressa dicatur aurea substantia.

9   *Figura,* inquit, *substantie eius* ne personam filii non-substantiam in- 40 telligas aut etiam proprietatem ipsius persone putes extra substantiam separatim intelligendam aut forinsecus affixam cum (f. 127v) sit

In patre totus filius
Et totus in Verbo pater.

10   Non sic se habet relatio similis ad similem, equalis ad equalem, patris 45 ad filium atque, ut auctor ait, eiusdem ad idem, licet non eiusdem ad eun-

---

18 Hylarius: *De Trin.* VIII, 39; PL 10, 233A: "singularem deum predicare sacrilegum est". *De Syn.* 68; PL 10, 525C.   25 nomina sumpta: nomina essentialia or abstracta are, for instance, bonitas, ueritas, unitas, corporalitas. Nomina sumpta or concreta are their derivatives bonus, uerus, unus, corpus.   30 ueritas: Ps 84, 12.   37 substantie: Heb 1, 3.   43 In patre: See *De nouitatibus* iv, 72 and vi. 3.

dem in creatrice Trinitate sicut in rebus creatis quia *cognata rebus caducis alteritas* bene admittit quorundam predicamentorum inherentias et forin-secas affixiones, ut auctor assignat, que omnia uera theologia procul a deo remouet docens eum, ut ait Augustinus, *sine qualitate bonum, sine quantitate* 50 *magnum, sine indigentia creatorem, sine situ presentem, sine habitu omnia con-tinentem, sine loco ubique totum, sine tempore sempiternum, sine ulla sui mutatione mutabilia facientem, nichil patientem. Quisquis deum ita cogitat et nondum potest omnino inuenire quid sit, pie tamen cauet quantum potest aliquid de illo sentire quod non sit. Et tamen sine dubio substantia uel, si melius hoc appellatur, essentia quam* 55 *Greci usyam uocant.*

11   Hec usya siue substantia diuinitatis minime *susceptibilis est contrariorum* siue ullorum accidentium quoniam relationes que insunt ei non sunt ac-cidentales proprietates quia pater deus sicut numquam fuit non-deus ita numquam fuit non-pater: et filius deus sicut numquam non-deus ita 60 numquam fuit non-filius: et amborum conexio sicut numquam fuit non-deus ita numquam fuit non-conexio procedens ab utroque nec recedens.

12   Vnde (f. 128) patri deo non accidentale aut, sicut aiunt, forinsecus est affixum esse patrem uel filio deo esse filium sed omnino patri eterno naturale est naturalem filium habere: similiterque filio eterno est naturale 65 naturalem patrem habere: et illis ambobus naturale est inuicem diligere se non extrinseca uel, ut aiunt, extrinsecus affixa dilectione sed ea, que deus est, que diuina substantia est, queque tercia in Trinitate persona est et unius cum reliquis duabus usye uel potius cum eis una usya est quoniam, sicut auctoritas habet, *relatio multiplicat Trinitatem, substantia* conseruat 70 *unitatem.*

13   Hec substantia diuina de singulis personis diuinis predicatur quomodo humana substantia de singulis personis humanis. Etenim sicut Petrus et Paulus est homo et humana substantia ita pater dei seu filius dei deus est et diuina substantia atque ideo, filio dei incarnato, recte credimus 75 diuinam substantiam incarnatam: non tamen incarnato patre qui nichilo minus est diuina substantia.

14   Quomodo, inquis, potuerunt hec fieri? Et ego dico tibi: Tu es magister in Frantia et hec ignoras? Si terrena exempla de unius aque fonte

---

47 alteritas: Boethius, *De Trin.* 6; ed. Stewart-Rand 28.   49 auctor: Boethius, *De Trin.* 6; ed. Stewart-Rand 28.   50 Augustinus: *De Trin.* V, 1, 2; PL 42, 912: CCL 50, 207.   53 et nondum: etsi nondum *Augustine.*   omnino: omni modo *Augustine.*   57 susceptibilis: Aristotle, *Cat.* 4a10; ed. L. Minio-Paluello, *Arist. lat.* I, 1-5 (Bruges 1961) 12.   70 auctoritas: Boethius, *De Trin.* 6; ed. Stewart-Rand 28.   conseruat: continet *Boethius.*   79 ignoras: Cf. Jn 3, 10.

riuo et laco proposui uobis et non intelligitis, quomodo si dixero uobis 80
celestia credetis? An non intelligitis, riuo infistulato, in ipso substantiam
fontis et laci esse infistulatam nec tamen fontem esse infistulatum seu
lacum. Amplius autem si naturam (f. 128v) Verbi Verbum dicit Basilius
doctor catholicus, ut supra ostendimus, quomodo non similiter naturam
patris patrem nominabimus?   85

15   Atque ita secundum hunc sensum catholicum nichil est aliud dicere
substantiam seu diuinitatem filii esse incarnatam quam ipsum filium qui
substantia diuina et ipsa diuinitas est esse incarnatum. Neque tamen inde
consequitur patrem, qui similiter substantia diuina et ipsa diuinitas est,
esse incarnatum in sua persona cuius tamen substantia in filio suo est in- 90
carnata.

16   Si enim dei filius iam totus inpassibilis est, licet in sue nature
humane consortibus fratribus esuriem aut famem sitim nuditatem exilium
carcerem et infirmitatem se pati contestetur quia natura uidelicet in ipsum
assumpta in suis hec patitur, ipso tamen in sue inpassibilitatis gloria per- 95
manente, quid mirum quod deus pater semper inpassibilis creditur per-
mansisse ac permanere, cuius tamen filius naturalis, nature uidelicet
paterne consors, exinaniuit se ipsum formam serui accipiens et in ea mortem crucis perferens, patris tamen et sua diuinitate in sue inpassibilitatis
gloria permanente ac implente carnem que in ipso dei filio passa est?   1

17   Vnde Augustinus:
Impleuit carnem Christi pater (f. 129) et spiritus sanctus, sed maiestate non
susceptione.

XXIII   5
Quomodo pater et spiritus sanctus implesse se
carnem Christi sit credendus

1   Quidam in his dictis Augustini non aliud intelligunt nomine
maiestatis carnem Christi implentis quam tunc intelligitur cum omnis
creatura maiestate dei plena predicatur ipso deo dicente: *Celum et terram* 10
ego impleo. Item canit ecclesia: *Pleni sunt celi et terra gloria tua.*

2   Sed hic sensus ex illis est ad magnificandum illud singulare sacramentum dominice incarnationis in quo Maria exultans dicit: *Magnificat anima*

---

83 Basilius: John Damascene, *De dispens.* 50, 6; p. 401. *De nouitatibus* xxi, 10.   2 Vnde: sicut dicit
superscr. MS.   9 intelligitur: inteligitur MS.   omnis: natura *add et del.* MS.   11 impleo: Jer 23,
24.   canit: After the preface of the Mass.   12 Illis: ilis MS.

mea dominum. Ergo, ut estimo, altius est intelligendum quod pater et
spiritus sanctus dicuntur maiestate sua impleuisse uel implere hominem 15
illum qui dicit: *Pater in me manens ipse facit opera,* quique in digito dei,
quem spiritum sanctum intelligimus, eicit demonia.

3   Si enim non aliter impleuit patris ac spiritus sancti maiestas carnem
Christi quam implet lapidem uel nos omnes qui dicere possumus: in ipso
uiuimus mouemur et sumus, quid attinuit super tali plenitudine ammirari 20
euangelistam dicentem: *Vidimus gloriam eius, gloriam quasi unigeniti a patre
plenum gratia et ueritate.*
Item alius euangelista plenum spiritu sancto illum conmemorat quando
regressus est ab Iordane in Galileam post baptismum ubi et columba
super ipsum conspecta hoc indicauit (f. 129v) quod tota plenitudo sancti 25
spiritus perpetuo in ipso esset mansura sicut Iohanni predictum fuerat:
Super quem uideris spiritum descendentem et manentem super eum, hic est qui bap-
tizat in spiritu sancto.

4   Homo igitur bona opera faciens quo operante operatur simul et pater
et quem uidens quis uidet et patrem quique baptizat in spiritu sancto, 30
longe aliter impletus est maiestate patris et spiritus sancti quam uel sancti
angeli et homines beati uel etiam tota creatura.

XXIIII
De uoce patris ad filium
et de specie columbe   35

1   Quid dicemus de uoce patris audita cum uideretur spiritus sanctus in
specie columbe super hominem Verbo ipsius patris unitum? Nonne tibi
hec adtendenti omnis plenitudo diuinitatis in homine assumpto inhabitantis manifestat semet ipsam in patris uoce, in filii corpore, in sancti spiritus
columbina specie? *Tu es,* inquit, *filius meus dilectus in quo mihi complacui.* 40

2   *Hoc,* ut iam supra commemorauimus, *ab initio non dixit, cum uniuersa*
conderet, cum celi fabricam extenderet uel mari terminum poneret et omnia uisibilia
siue inuisibilia mirabilis artifex componens suo singula loco uel ordine distingueret.
Et quidem placebant cuncta que fecerat quia erant ualde (f. 130) bona. Sed

14 dominum: Lk 1, 46.   16 opera: Jn 14, 10.   17 demonia: Lk 11, 20.   20 sumus: Acts 17,
28.   22 ueritate: Jn 1. 14   24 columba: Lk 4, 14.   28 sancto: Jn 1, 33.   41 Hoc: Rupert of Deutz,
In Jn. II; PL 169, 260B; CCLm 9, 78. Gerhoch, *Liber de gloria* 16, 11; PL 194, 1131D. Gerhoch's
borrowings from Rupert were first pointed out by P. Classen, *Gerhoch* 172.   ab initio: a principio
Rupert and Gerhoch, *Liber de gloria* 16, 11.   43 suo: sua *Rupert.*   44 cuncta: illi cuncta *Rupert.*

nusquam in omnibus illis se ipsum sibi complacuisse insinuat. In hoc autem uno sibi 45
complacet et dicit: mihi complacui. Quod longe aliud est quam si dixisset: Tu mihi
complacuisti.

3 *Adtendamus ergo quid in Christo factum sit et uidebimus quod uere pro*
magnitudine uel qualitate operis recte pater in illo sibi complacuerit uidelicet cum
omnia fecisset deus, nichil omnino simile sibi uel equale fecerat quamquam ad 50
imaginem et similitudinem sui hominem fecerit. Nec enim beniuolentie creatoris suf-
ficiebat quod ea que fecerat erant cuncta ualde bona quia nichil inter omnia simile
sibi uel equale uidebat sed, ut iam dictum est, tale quid omnino qualis ipse est creari
non poterat.

4 *Quapropter multitudo creature infirma, utpote de nichilo facta, partim corruerat* 55
neque suis uiribus ullo modo restaurari ualebat. Suggessit igitur tunc ipsa, que post
apparuit in specie columbe, mitis et beniuola patris caritas quatinus ipsam uirtutem
ipsum Verbum per quod omnia fecerat quoniam nichil equale sibi condiderat facture
sue uniret et sic unum quid cui nichil deesset in ordine creature produceret essetque
creatura licet dispar conditione tamen conpar creatori suimet in deum 60
assumptione (f. 130v) et glorificatione.

5 *Quo facto gratulatur omnipotens bonitas et applaudit sibimet dilectio columbina*
omnis inuidentie nescia quod ope sua conpar sibi facta sit humana creatura dignum
laude iudicans quod inopi nature sue eiusdem sue nature diuitiis adeo subuenerit, ut
totum regnum patris regere uniuersam omnino celi ac terre rempublicam disponere et 65
in throno eius dominari eque ut ipse deinceps idonea sit.

6 *Hoc opus suum adeo collaudat et in hoc sibi conplacet in tantum ut cuicumque*
non conplacuerit quicumque cum laude et gratiarum actione non aspexerit eum uelut
ingratum et uere superbum et inuidum a salute sua et ab eiusdem Christi filii sui
regno repellat. 70

7 Cuius utique regni quia non est finis, cum sit inmensum, recte quoque
ipse rex inmensus predicatur sicut ex opposito regulus dicitur cuius
regnum coangustatum est, etiamsi contingat ipsum gygantea statura ex-
tensum. Christus autem i.e. homo pre consortibus suis unctus in regem
regni omnium seculorum, licet paruulus in cunis apparuerit, idem in 75
trono maiestatis paterne magnitudine sue claritatis etiam angelos pascit et
toti curie celesti gaudium facit.

---

56 suggessit... apparuit: suggessit igitur ipsa que nunc apparuit *Rupert.*   64 nature sue eiusdem sue:
nature eius de sue *Rupert.*   71 cuius: *De gloria* 17, 13; PL 194, 1132C.

XXV
De gaudio discipulorum

1   Ad quod gaudium discipulos suos adhuc mortalis inuitabat (f. 131) 80
dicens : *Si diligeretis me, gauderetis utique quia ad patrem uado quia pater maior
me est.* Cum enim ipse in diuinitate sua nunquam patre minor extiterit,
luce clarius constat quod hec dicens filius dei de natura hominis egit
tanquam diceret: Quamdiu mortalis homo sum, pater maior me est. At
postquam transibo ex hoc mundo ad patrem, exaltata uidelicet humanitate 85
mea usque ad paterne glorie ineffabilem celsitudinem a qua nunquam
discessi per diuinitatem, ex tunc uidebitis me dominum et saluatorem
uestrum propter passionem mortis gloria et honore coronatum.

2   Igitur *si diligeretis me, gauderetis utique* transire me ab exilio mundi et
eternaliter sessurum ad dexteram patris, intrare in gloriam regni mei *quia* 90
uidelicet hactenus ex quo carnem indui *maior me est* et ego secundum mor-
talitatem eiusdem carnis non solum patre sed etiam inmortalibus paulo
minor sum angelis.

3   Postquam uero usque ad patris consessum exaltatus fuero, ex tunc in-
plebitur quod scriptum est: *Dixit dominus domino meo (f. 131v): sede a dextris* 95
meis etc. Item: *Gloria et honore coronasti eum, domine, et constituisti eum super
opera manuum tuarum.* Quanta in hoc Christum diligentibus gaudendi causa
est! Magna plane et ineffabilis. Vnde nec illi plene inueniuntur Christum
diligere qui de iam facta hominis usque ad patrem exaltatione gaudentibus
fidelibus nolunt congaudere contendentes filium hominis eundemque dei   1
filium adhuc minorem patre in sua quantumlibet glorificata humanitate.

4   Quam sane minoritatem si referunt ad humanitatis naturalem conditionem, non ad eiusdem supernaturalem exaltationem recte tolerantur
quoniam in hoc sensu neque nobis neque fidei catholice aduersantur.   5
Verum si hominis iam in deum glorificati arbitrantur non eanden gloriam
omnipotentiam omnisapientiam omniuirtutem omnimaiestatem que est
patris altissimi, timendum sine dubio est ne a regno ipsius repellantur
tamquam detractores inuidi cum illo consortium habituri qui primus
inuidit altitudini huius altissimi dicens in corde suo: *Ero similis altissimo.* 10
    Nos uero congaudentes nature (f. 132) nostre in dei Verbi deificate et
glorificate: deificate in conceptione, glorificate in resurrectione simul et
ascensione, accedamus cum fidutia ad tronum gratie, sicut ait apostolus,

81 maior: Jn 14, 28.   94 patris: transire *add et del.* MS.   96 meis: Ps 109, 1.   97 tuarum: Ps 8,
6.   10 altissimo: Isa 14, 14.

ut misericordiam consequamur et gratiam inueniamus in auxilio opportuno.   15

5 Magnam quippe dat fidutiam nobis hominibus deus homo in se
naturaliter benedictus qui uenit in nomine domini, pro nobis maledictum
factus ut nos natura filii ire filii benedictionis efficiamur in ipso. Licet
enim contristare nos debeat quod nostra peccata causa mortis et con-
tumelie illi fuerant, tamen quia ob eandem mortis contumeliam con- 20
secutus est homo assumptus magnam gloriam de qua dicit: *Nonne sic opor-*
tuit pati Christum et ita intrare in gloriam suam, fiducia datur nobis pec-
catoribus ad tronum gratie ipsius puro corde accedentibus.

6 Si enim Ioseph suis fratribus gratiam et misericordiam exinde promp-
tius inpendit quod occasione malicie illorum, deo mala ipsorum uertente 25
in bonum, fuit exaltatus quomodo uerus Ioseph cui peccauimus, deo uertente in bonum (f. 132v) quod inique gessimus, propter nos passus mala
que illi uenerunt in bonum credendus est non parcere nobis, maxime si
ad ipsum confugerimus et corde contrito planxerimus quod peccauimus in
ipsum, fratrem nostrum, eundemque dominum et iudicem nostrum?   30

7 Accedamus igitur, ut dixi, cum fiducia ad tronum gratie, dominante ac
residente super illum tronum fratre nostro, qui etiam non confunditur
fratres nos uocare dicens : *Nuntiabo nomen tuum fratribus meis,* postulemus
ab eo alimenta nobis et paruulis nostris nec a precibus quiescamus, donec
ipse manifestet se ipsum nobis dicens: *Ego sum Ioseph.*   35
Vos cogitastis de me malum et deus uertit illud in bonum et exaltauit
me sicut inpresentiarum cernitis. Ostendat se nobis dominatorem non
solum in celo sed etiam in tota terra Egypti : ordinando regnum totius
mundi ad sui honorem, ad suorum consolationem. Deinde quoque accedamus cum fiducia ad tronum dignitatis apostolice, presidente nimirum 40
tali fratre qui, ut speramus, etiam pauperes nostri similes recognoscet ut
fratres.

XXVI
De Beniamin

1 Vnde, illo principante (f. 133), speramus fratres eius co-uterinos 45
habundantius benedici quam non co-uterinos. Quo modo et ipse Ioseph
cum reliquis fratribus penitentia condigna purgatis daret singulis binas
stolas. Beniamin fratri suo uterino dedit trecentos siclos cum quinque
stolis optimis qui et in conuiuio recumbens cum fratribus quinque par-

---

14 opportuno: Heb 4, 16.   18 ire: Eph 2, 3.   22 suam: Lk 24, 26.   30 nostrum: hic explicit
marg. MS.   31 accedamus: accecedamus MS.   33 meis: Heb 2, 12.   35 Ioseph: Gen 45, 3.

tibus habundasse super illos inuentus est, ammirantibus ipsis fratribus et 50
fortasse indignantibus, quia non erat eis ipse Beniamin co-uterinus qui
omnes de Lia uel de ancillis nati filios Rachelis eo quod a patre cunctis
fratribus plus amarentur non sincere primitus amauerunt donec postmodum correpti et correcti huiuscemodi emulationem deposuerunt.

2   Nonne Ioseph qui legitur oues patris pauisse fratresque suos de 55
crimine pessimo apud patrem accusasse qui et postmodum pauit uniuersam Egyptum nomine simul et officio designat ordinem clericorum
religiosorum crimina detestantium et regulari disciplina se ostendentium
esse filios Rachelis (f. 133v), ecclesie uidelicet primitiue que quasi duos
filios nobiles genuit: Ioseph pastorem ouium in ordine clericorum sub 60
apostolica regula tam paterne nobilitatis quam et materne pulcritudinis
insigne preferentium sicut de Ioseph legitur quod erat decorus aspectu, et
Beniamin filium dextere in ordine monachorum item sub apostolica
regula delectationes in dextera dei querentium.

XXVII   65
De cypho Ioseph

1   Neque uero illud est otiosum quod ciphus Ioseph argenteus,
disponente ipso Ioseph, in sacco Beniamin fuit repositus cuius figure
ueritatem nunc impleri uidemus quotiens de ordine monachorum secundum nomen Benonim, quod interpretatur filius doloris, se et mundum 70
lugentium: et secundum nomen Beniamin, quod est filius dextere, delectationes in dextera dei querentium quis assumitur ad regimen sacerdotale
uel pontificale, sicut beatus papa Gregorius uere cipho Ioseph argenteo
ditatus et in pontificem Romanum electus egregia (f. 134) moralitatis
pocula de ipso cipho ministrauit.   75

2   Notandum tamen quod ipse ciphus non dicitur esse Beniamin sed
Ioseph quia non ad monachi silentium sed ad clerici ministerium pertinet
quod is, qui assumptus est in ecclesia docet, ut fratrem suum Ioseph
adiuuet. Sic Petrus apostolus in sacerdotio princeps doctorum, cum in sua
naue dominus resedisset atque inde turbas docuisset, postea in altum ducta 80
nauicula cum laboraret ipse et frater suus Andreas in trahendo reti
piscibus usque adeo repleto, ut etiam rete rumperetur, asciuit socios qui
erant in alia naui, scilicet Iohannem et Iacobum, ut adiuuarent eum.

---

50 inuentus: Gen 43, 34.   51 co-uterinus: co-uterinos MS.   60 genuit: Gen 41, 50   62 decorus:
Gen 39, 18.   68 repositus: Gen 44, 2.   71 Beniamin: Benianim MS. Gen 35, 18.

XXVIII
De duabus nauibus apostolorum   85

1   Nauis Petri apostoli ordo cleri apostolicis disciplinis informati non incongrue intelligitur. Nauis autem Iohannis, qui super pectus domini
recubuit, apte notat monachorum religiosorum quietem sanctam de qua
non numquam sic excitantur et in adiutorium cleri uocantur, ut pulchrum
exhibeant spectaculum Petri et Iohannis (f. 134v), Ioseph et Beniamin, 90
sese inuicem fraterne amantium et adiuuantium in domo Iacob filios
Rachelis plurimum diligentis.

2   Fratres enim ceteri siue Lie siue ancillarum filii, licet incliti et
benedicti, minus inueniuntur a patre dilecti: maxime Rubenite, licet
numero multi tamen merito inminuti. Emulantur enim filios Ioseph 95
crescere cum sui, ut estimant, aliquanta diminutione. Nam cum pene oc-
cupauerint una cum prebendis omnes plebales ecclesias conducticiis con-
mittendo eas in tota Germania et Gallia dolent saltem sibi eas esse subrep-
tas quas uident et inuident cenobiis religiosis episcopali concessione sub-
titulatas uel commissas.   1

3   Nonne, inquiunt, sicut monachi et regulares canonici habent plebales
ecclesias ita et nos item canonici, licet seculares, habere possumus eas?
Quod si nobis non licet, utique nec illis ut unaqueque ecclesia, cui
facultas suppetit, proprium habeat sacerdotem.   5

XXVIIII
De Rachele

1   Hec dicentes et spiritalibus uiris auariciam (f. 135) quasi scelus
ydolatrie inpingentes non adtendunt pulcritudinem seu latitudinem
uestimentorum pulcherrime Rachelis quibus teguntur ista ecclesiastica 10
beneficia cenobiis collata sicut illa texit idola de domo Laban surrepta.
Denique habemus priuilegia sedis apostolice ut quicquid ex concessione
pontificum uel donatione principum seu pia oblatione fidelium iuste
possidemus, auctoritate apostolica teneamus. Inter que nominatim
aliquotiens exprimuntur ecclesie, capelle ac decime.   15

86 nauis... habeat sacerdotem: Sackur 294.   8 Hec... laici principes: Sackur 294-295.

2   Nonne sic scribens ecclesia Romana quasi Rachel formosa expandit se
super possessiones cenobiorum ut non quasi auaricia sed quasi benedictio
iudicentur que illius auctoritate ac benignitate a spiritalibus possidentur?
Verumtamen nec ipsis uiris religiosis hoc licere concedimus ut in ecclesiis eorum sit conducticius uel minister absolute ordinatus qualibet 20
uage discurrentibus et se nunc hic nunc illic prostituentibus heu plena est
Germania et Gallia.

3   Ipsi uero religiosi uiri suas ecclesias aut per semet ipsos regant sobrie
iuste pie uiuendo et populum sibi commissum in id ipsum fideliter
erudiendo aut secundum canones obedientie stabilitatem exigant ab his, 25
quos in adiutorium sui ad regendum populum uolunt assumere ne, si
ouibus neglectis lanam et lac (f. 135v) accipiunt, non sub ueste Racheline
pulchritudinis tecti ab auaricia, que est idolorum seruitus, excusentur sed
tamquam idolatre ipsi eque ut seculares canonici dampnentur, immo
etiam tanto illis deterius pereant quanto *speciem pietatis habentes et uirtutem* 30
eius abnegantes dampnabilius peccant. Vbi enim, salute animarum neglecta,
sola queruntur lucra terrena ibi, quoniam habundat iniquitatis auaricia,
querentis que sua sunt, refrigescet caritas non querens que sua sunt.

4   Que cum ex eo dinoscatur quod conmunia propriis non propria conmunibus anteponit, non habet locum in illis congregationibus ubi omnes 35
querunt que sua sunt: propria conmunibus, non conmunia propriis an-
teponendo, immo et si qua illic uidentur inconmunia in priuatas
abusiones distrahendo. Sicsic inordinate uiuentibus neque clericis neque
monachis ecclesias uel ecclesiastica bona defendimus quia talibus
congruit quod Iudeis Christus dicit: *Ideo auferetur a uobis regnum et dabitur* 40
genti facienti fructus eius.

5   Item questus iniquos et turpes non aliquo uelamine religionis defen-
dendos sed tamquam idolatriam cauendos iudicamus et uelut in-
mundiciam repudiamus quia, ubi talia pacienter sustinentur, non tam sub
Rachele desuper sedente quam sub stramento cameli absconduntur idola. 45
Sicut se habet istoria ubi legitur ipsa Rachel subter stramento cameli,
animalis scilicet inmundi, primitus idola posuisse ac deinde ipsa desuper
sedisse ut ostenderetur (f. 136) differentia inter mundos, quibus omnia
munda sunt, et inmundos et infideles, quibus nichil mundum. Quorum
etiam si qua religio pretenditur stramentis cameli assimilatur ac proinde 50
repudiatur.

24 uiuendo; Tit 2, 12.   28 seruitus: Eph 5, 5.   31 abnegantes: 2 Tim 3, 5.   33 sunt: Phil 2,
29.   38 inordinate... laici principes: Grisar 546-547.   41 fructus: Mt 21, 43. P. CLASSEN, *Gerhoch*
176.   49 munda: Tit 1, 15.

6   Quia ergo in domo Iacob regnante Christo, ut supra memorauimus, Petrum Petrique successorem quemlibet nomine Iacob uel potius Israel recognoscimus honoratum, cum fiducia bona petamus ab eo iudicium super turpitudine Ruben, super furore Symeon et Leui, quatenus et non 55 sinatur ultra crescere in domo Iacob. Et illi bellatores inportuni conpellantur se uasa iniquitatis agnoscere qui, cum sint clerici et clericorum magistri, longe indisciplinatius mouent guerras in domo Iacob quam laici principes.

XXX   60
De bellis inordinatis

1   Nam sine ordine iudiciario castra obsidentes, incendia facientes et inter hec homicidia multa perpetrantes atque insuper diuina sacramenta dispensantes cogunt nos gemere non quidem super militia ecclesiis a regibus et inperatoribus data sed super malitia ex occasione militie subin- 65 troducta.

2   Vnde non hoc desideramus ut ecclesia perdat militiam sed malitiam, prescripta uidelicet saluberrima regula secundum quam pontifices uti et non abuti debeant ipsa militia.

Et quidem regulas antiquas super hoc habemus in scriptis Nycolai pape 70 specialiter ad Carolum Francorum regem scribentis, et uniuersaliter in conciliis Toletanis depromptas (f. 136v) quas non putamus canonum peritis Romanis ingerendas maxime quia temporis nouitas exigere uidetur nouas regulas, cum illis antiquis omnino sit iudicium ac negotium sanguinis interdictum sacerdotibus et reliquis personis deo seruientibus. 75 Nostri autem temporis qualitas fortasse aliud requirit sicut ad beate memorie pontifices Romanos Innocentium et Eugenium scripsisse nos meminimus.

---

62 Nam... ad uacandum: Sackur 295-296. Nam... fratrum suorum: Grisar 547-548.   70 Nycolai: Nicolaus I (858-867), *Ep.* 83; PL 119, 921C. MGH Epp 6, 309-310. Mansi 15, 291. See also Deusdedit, *Can.* IV, 174; ed. V. W. von Glanvell (Paderborn 1905) 483. Ivo of Chartres, *Decr.* V. 334; PL 161, 424D. Gratian, *Decr.* C. 23, q. 8 c. 19; ed. Aemilius Friedberg (Leipzig 1879) 952. Gerhoch, *Liber de ordine donorum* (Opera I, 76), *De aedificio dei* (MGH Lib. 3, 147), *In Ps* 64; PI 194, 46AB.   72 Toletanis: Fourth Council of Toledo (633) can. 31 and 45; PL 84, 375B and 377D. P. Hinschius, *Decretales* 369. Eleventh Cuncil of Toledo (675) can. 6; PL 84, 461AB. Hinschius, *Decretales* 409.   77 Innocentium et Eugenium: In 1135 Gerhoch sent Innocent II his *Dialogus inter regularem et secularem clericum* (PL 194, 1375-1426: P. Classen, *Gerhoch* 407-408).   In 1152 he personally presented Eugene III with his *De corrupto ecclesie statu* (PL 194, 9-120). P. Classen, *Gerhoch* 419.

3   Erat autem summa tunc nostre suggestionis ut ecclesia sibi collatos
honores tenendo uteretur et non abuteretur illis, gladium uerbi per 80
spiritales gladium ferri per seculares ministros ordinate ac iudicialiter
uibrando, ne leuitis inordinate pugnantibus eueniat illa maledictio qua
maledicti sunt Symeon et Leui a patre Iacob sed potius ipsis leuitis ex
obedientia iusta et iuste bellantibus proueniat illa benedictio qua
benedixit Moyses leuitas qui, precipiente ipso, pugnantes consecrauerant 85
manus suas in sanguine fratrum suorum.

4   *Videns enim Moyses populum quod esset nudatus — spoliauerat enim eum*
Aaron propter ignominiam sordis et inter hostes nudum constituerat — et stans in
porta castrorum ait: Si quis est domini, iungatur mihi. Congregatique sunt ad eum
omnes filii Leui. Quibus ait: Hec dicit dominus deus Israel. Ponat uir gladium 90
suum super femur suum. Ite et redite de porta usque ad portam per (f. 137)
medium castrorum et occidat unusquisque fratrem suum et amicum et proximum
suum. Fecerunt filii Leui iuxta sermonem Moysi. Cecideruntque in illo die quasi
xxiii milia hominum. Et ait Moyses: Consecrastis manus uestras hodie domino
unusquisque in filio et fratre suo ut detur uobis benedictio.   95

5   Ecce hic filiis Leui propter bellum inordinatum a Iacob maledictis
item propter bellum ordinate peractum a Moyse promittitur benedictio in
Exodo que deprompta est in *Deuteronomio* quia nimirum sic erat futurum ut
benedictio in lege promissa filiis Leui daretur, euangelio corruscante, illis
potissimum qui ordinate procedunt ad bella siue gladium spiritalem per   1
semet ipsos siue materialem per legitimos ministros mouendo ita ut
quisque miles prelietur suo modo et ordine: alter que sunt iusta docendo,
alter docenti obediendo, alter gladio spiritus, quod est uerbum dei, ar-
matus dicat cum apostolo: *Arma nostra non sunt carnalia sed potentia deo ad* 5
destructionem munitionum extollentium se aduersus scientiam Christi, alter ad
preceptum sacerdotis ingrediens et egrediens imitetur Iosue ducem Israel
cui mandatum fuit a domino ut ad preceptum Eleazari sacerdotis
egrederetur et ingrederetur (f. 137v): egrederetur scilicet ad pugnandum,
ingrederetur ad uacandum.   10

XXXI
De benedictionibus Iacob et Moysi

1   Puto autem consideratione dignum quod, collatis et consideratis
benedictionibus Iacob et Moysi super xii tribus, cum satis concordent am-

---

80 gladium: gladio MS.   83 Iacob: Gen 49, 6.   84 benedictio: Ex 32, 25-29.   98 Exodo: Ex
32, 25.   Deuteronomio: Dt 33, 8.   benedictio... ad uacandum: Grisar 548.   6 Christi: 2 Cor 10,
4-5.

borum sententie in reliquis tribubus de sola tribu Leui quasi opposita et 15
pene contraria uidentur proposuisse. Nam ille, Iacob scilicet, de Symeon
et Leui ait: *Vasa iniquitatis bellantia in consilio eorum ne ueniat anima mea et in
cetu illorum non sit gloria mea quia in furore suo occiderunt uirum et in uoluntate
sua suffoderunt murum. Maledictus furor eorum quia pertinax et indignatio eorum
quia dura. Diuidam eos in Iacob et disperdam eos in Israel.* 20

2 Moyses autem dicit in benedictione Leui:
  *Perfectio tua et doctrina tua uiro sancto tuo quem probasti in temptatione et
iudicasti ad aquas contradictionis. Qui dixit patri suo et matri sue: nescio uos, et
fratribus suis: ignoro illos, et nescierunt filios suos. Hi custodierunt eloquium tuum
et pactum tuum seruauerunt iudicia tua, O Iacob, et legem tuam, O Israel. Ponent* 25
*thimiama in furore tuo et holocaustum super altare. Benedic, domine, fortitudini
eius et opera manuum illius suscipe. Percute dorsa inimicorum eius et qui oderunt
eum non consurgant (f. 138).*

3 Vnde, queso, ista diuersitas in patriarcha et legislatore, ut alter
maledicendo et alter benedicendo loqueretur de unius tribus hominibus? 30
Profecto non sine causa diuersa diuersitas ista. Nam de tribu illa erant
futuri sacerdotes mali qui essent uasa iniquitatis bellantia et quorum furor
pertinax et indignatio dura.

4 Horum precipui fuerunt pontifices et Pharisei qui collegerunt concilium et inierunt consilium aduersus Christum. De quo uidelicet consilio 35
et concilio intelligitur illud patriarche dictum: *In consilium eorum ne ueniat
anima mea et in cetu illorum non sit gloria mea quia in furore suo occiderunt uirum.*

5 Secuntur eos adhuc non nulli Christum in suis membris occidentes et
furore pertinaci pauperes eius persequentes, maxime indisciplinati
cathedrales clerici clericis disciplinatis et regularibus aduersantes furore 40
pertinaci. Dico igitur in consilium eorum ne ueniat anima mea et in cetu
illorum non sit gloria mea. Et quia iniqui sunt cetus eorum fiat secundum
quod scriptum est: *Diuidam eos in Iacob et disperdam eos in Israel.*

6 Diuisio et dispersio siue disperditio hec leuitarum peruersorum, per
principes Romanos Titum et Vespasianum ceptum, per pontifices 45
Romanos tandem consumetur ut ueris et bonis leuitis in eorum locum in-
troductis ac per ecclesiam totam multiplicatis illa detur benedictio que per

15 reliquis: requis MS.   20 Israel: Gen 49, 5-7.   28 consurgant: Dt 33, 8-11.   36 patriarche:
patriarcha MS. consilium: consilio MS.   37 uirum: Gen 49, 6.   43 Israel: Gen 49, 7.

Moysen deprompta sed (f. 138v) per uerum legis latorem data est. Etenim
benedictionem dedit noue legis lator quam ueteris legis lator. Et si potuit
prenuntiare, non potuit dare. *Perfectio,* inquid, *tua et doctrina tua uiro quem* 50
probasti in temptatione.

XXXII
De aqua contradictionis

1   Virum probatum in temptatione cognoscimus Petrum apostolum et
cum illo cetum apostolicum precipue ad aquas contradictionis, apostolis 55
uidelicet Christum filium dei credentibus: hominibus autem huic fidei
contradicentibus et aliis eum Iohannem, aliis Helyam, aliis Ieremiam aut
unum ex prophetis esse dicentibus.

2   Apud aquam contradictionis huius probata est fides apostolorum cum
Petrus respondit pro omnibus: *Tu es Christus filius dei uiui.* Perfectio 60
quoque ac doctrina Christi dicentis: *Si uis perfectus esse uade uende que habes*
et da pauperibus et sequere me. Item: *Qui non renuntiat omnibus que possidet non*
potest meus esse discipulus, in illis et eorum sequacibus est inuenta qui etiam
parentes relinquendo ac filios suos nesciendo cum nudi nudum Christum
sequerentur, custodierunt eloquium domini et pactum eius seruauerunt. 65

3   Vnde pre ceteris hanc benedictionem promeruerunt: *Ponent thimiama*
in furore tuo et holocaustum super altare tuum. Quibus dictis conmendatur
eorum sacerdocium. Conclusio uero totius benedictionis hec est: *Benedic,*
domine, fortitudini eius et opera manuum eius suscipe. Percute (f. 139) dorsa
inimicorum eius et qui oderunt eum non consurgant. Pulchre, cum de sacerdotio 70
loquens pluraliter premisisset de istis filiis Leui: *Ponent thimiama in furore*
tuo, de principatu locuturus ad singularem numerum transiens ait: *Benedic,*
domine, fortitudini eius etc.

4   Inter ceteros enim Christi apostolos unus constitutus est princeps
apostolorum cui et dictum est: *Confirma fratres tuos.* Nonne magna et 75
benedicta est fortitudo principatus illius cui porte inferi non poterunt
preualere? Item quod dicitur: *Percute dorsa inimicorum eius et qui oderunt eum*
non consurgant, nostris in diebus etiam ad literam factum cernimus, cum
populus Romanus principatui apostolico inimicus nuper cesus est non in

51 temptatione: Dt 33, 8.   59 contradictionis: Ps 80, 8.   63 discipulus: Lk 14, 33.   67 altare: Dt
33, 10.   70 sacerdotio: sacerdotium MS.   74 Inter... ut homo separet Grisar 549-551. Inter...
respondit regnum meum: Sackur 296-298.   78 consurgant *cor. ex* consurgunt MS.

facie tamquam strenue pugnans sed in dorso tamquam ignauiter fugiens 80
ante faciem principatus apostolici et imperatoris ab illo coronati.

XXXIII
De principatu legitime ordinato

1 Sic in principatu legitime ordinato nostris in diebus *exsurgat deus et
dissipentur inimici eius et fugiant qui oderunt eum a facie eius.* Gaudemus plane 85
gaudendumque censemus populo christiano sic humiliato populo Romano
quia populus urbis magis inde superbiens quod dicatur Populus Romanus
quam inde gaudere uolens ut dicatur Populus Christianus, contra leges
diuinas erigit potestates inordinatas quibus qui resistunt dei ordinationi
utique non resistunt quoniam que a deo sunt ordinata sunt.   90

2 Memini me (f. 139v), cum fuissem in urbe, contra quendam Ar-
noldinum ualenter literatum in palatio disputasse. Et ipsa disputatio,
monente papa Eugenio, reducta in scriptum pluribus auctoritatibus
aggregatis posita est in scrinio ipsius ubi, cum adhuc possit inueniri, non
opus est iam scripta iterum scribi.   95

XXXIIII
De regalibus collatis

1 Attamen adhuc eadem scribere mihi quidem non pigrum sicubi
uideretur necessarium sicut illud quod ibidem copiose tractatum est et
nunc succincte perstringendum uidetur de regalibus ecclesie collatis. De 1
his enim cum alii contendant ecclesiis eadem occasione talium periclitan-
tibus auferenda, alii uero ea semel ecclesiis collata in usus earum tenenda,
posterior magis placet sententia quia sic ipsa regalia bona ecclesiasticis in-
terserta sunt ut uix ab inuicem discerni ualeant.   5

2 Huc accedit quod que deus coniunxit homo separare non debet.
Coniunxit uero ea deus Christus in sua propria persona indutus apud
Herodem primo ueste alba, que sacerdotalis est, deinde apud Pilatum

81 coronati: This is an allusion to the riot on 18 June 1155 mentioned by Otto of Freising, *Gesta Frid.*
II, 22; ed. Waitz-Simson 141-142. P. CLASSEN, *Gerhoch* 156.   85 facie: Ps 67, 2.   90 ordinata:
Rom 13, 2.   92 disputasse: See P. Classen, *Gerhoch* 130-131; 134-135; 146-147; 177. Gerhoch, *In Ps*
54, 24; PL 193, 1672D. Commenting on Ps 64, 15 (PL 194, 19C) Gerhoch writes: "Memini enim, cum
in urbe Roma fuissem, fuisse mihi obiectum a quodam causidico, ecclesie dei aduersario, non esse rata
priuilegia imperatoris Constantini." Gerhoch is believed to have argued with this follower of Arnold of
Brescia in 1146.   8 alba: Lk 23, 11.

ueste purpurea, que regalis est, ut ostenderet se non solum ex pontificali
sed etiam ex imperiali dignitate super omnes principatus totius orbis 10
dominaturum.

3 Dicis itaque mihi: Si non debent ecclesiis auferri ipsa regalia ex
quibus episcopi habentes ea debent Cesari, que Cesaris sunt, sicut ex ecclesiasticis facultatibus (f. 140) deo, que dei sunt, quomodo puniri
poterunt episcopi uel abbates nolentes reddere Cesari, que Cesaris sunt, 15
cum eadem auferri eis non poterunt ne, sicut oblatio talium in sanctuario
fuit deuota, sic ablatio eorum a sanctuario fiat sacrilega?

4 Respondeo plane mihi placere ut reddantur que sunt Cesaris Cesari et
que sunt dei deo sed sub ea cautela ut non uastetur ecclesia uel nudetur
saltem ueste alba, si nimis incaute abstrahitur ei purpura. Fecerunt hoc 20
milites illi pagani qui Christum spoliauerunt ueste utraque nudum
crucifigendum. Sed absit ut id ipsum faciant milites christiani.

5 Verumtamen ut insolentia non crescat ultra modum contra inperium,
ex necessitate iusiurandum, licet hoc ipsum sit a malo, interponitur ut sibi
fidem seruent mutuo pontifices et reges quemadmodum patriarcha fidelis 25
Abraham, contentione orta, pro eadem sopienda et in posterum cauenda
iurauit regi Abimelec et ille sibi secus puteum iuramenti. Ergo sicut illi
sibi mutuo iurauerunt sic adhuc reges iurant iusticiam ecclesie cum con-
secrantur et coronantur. Et episcopi quoque regalia tenentes regibus
iurant fidelitatem, saluo sui ordinis officio.   30

6 Si ergo fuerit uiolatum iurisiurandi sacramentum, uiolator licet sit ab-
bas aut episcopus, iure utroque spoliatur honore coram suo iudice, sacer-
dotali (f. 140v) scilicet et illo quem de regalibus habet. Si enim periurus
episcopus tenens episcopatum spoliandus regalibus exponatur militibus,
inde consequetur confusio magna qua inualescente minuentur et 35
uastabuntur ecclesiastica bona dum nimis incaute abstrahentur ipsa
regalia. Et ita scindetur pallium Samuelis quo scisso scindetur et regnum
et periclitatur sacerdotium.

7 Quod ita demum precaueri poterit si episcopus non nisi prius alba
ueste indutus purpuram suscipiat quam nec amittat nisi et alba propter in- 40
fidelitatem carere debeat ut uidelicet peccatum persone in detrimentum
non uertatur ecclesie: sicut iam alicubi factum scimus personis quibusdam
inordinate purpuratis antequam ueste alba, prout oportuit, induerentur

9 purpurea: Jn 19, 2.   13 Cesari: Mt 22, 21.   16 sanctuario: scantuario MS.   17 ablatio: oblatio
MS.   22 crucifigendum: crucifiendum MS.   27 iurauit: Gen 21, 23.

dum necdum spiritaliter post electionem examinati aut consecrati sunt
regalibus amplificati et ita nimis confortati ut postmodum non potuerunt 45
examinari sed oporteret eos ad placitum regis et militum consecrari.

8 Similiter personis quibusdam ante iudicium spiritale depurpuratis con-
tigit ecclesiastica bona uastari minui et scindi, scisso consequenter et
regno, sicut Samuelis pallio (f. 141) scisso scissum est regnum a Saule
pallium sacerdotale scindente. Enimuero arbitrantur quidam iuxta illud 50
apostoli: *Non prius quod spiritale sed quod animale* est animalia et temporalia
que a regibus habentur primitus electe persone conferenda et inde
spiritalia spiritali consecratione percipienda, quod esset primitus purpurea
deinde alba ueste indui contra ordinationem ipsius Christi qui primitus
alba deinde purpurea ueste uoluit in passione sua indui. Quibus humiliter 55
suggerimus ut apostoli uerba premissa dicta sciant non de nouo sed de
ueteri Adam in quo *non prius quod spiritale sed quod animale* hoc prius erat.

XXXV
Collatio ueteris Ade ad nouum

1 Formauit enim dominus hominem de limo terre secundum id quod in 60
homine animale seu etiam corporale est. Ac inde inspirauit in faciem eius
spiraculum uite quod spiraculum spiritale est. Atque ideo episcopi secundum ipsum formati creduntur qui prius in corporalibus, deinde in
spiritalibus perficiuntur.

2 Secundus uero Adam prius erat in spiritu ac deinde cepit esse in cor- 65
pore. Quod cum ipse in spiritu et spiritus esset, propter nos accepit mortale siue animale. Ac proinde secundum ipsum fiunt episcopi qui primo
regulariter electi et spiritaliter examinati atque consecrati postremo propter inminentem necessitatem super albam uestem suscipiunt et pur-
puream (f. 141v) ne, hac repudiata, periclitetur ecclesia ipsis conmissa. 70

3 Qua si obrepente perfidia in regnum conmissa iudicabuntur spoliandi
ueste, simul alba sunt priuandi ne iterum periclitetur ecclesia cum sui
honoris integritate illi auferenda et alteri conmittenda ut sola puniatur
persona perfida, ecclesia permanente in integritate sua quoniam, ut dictum est, que deus coniunxit non est bonum ut homo separet.   75

50 pallium: Sam 15, 27.   51 animale: 1 Cor 15, 46.   62 spiraculum: Gen 2, 7.   75 separet Mt
19, 6.

XXXVI
De purpura regis uincta canalibus

1 Sint ergo pariter in una persona uestis alba et purpurea sed ita ut sit *purpura regis uincta canalibus*, frequenter scilicet in illis canalibus tinguenda quibus et purpura Christi regis intincta dum regni sui omnia consilia et 80 negotia secundum beneplacitum dei patris ordinauit promouenda. Vnde Pilato aliam sibi tincturam offerenti et ingerenti respondit: *Regnum meum non est de hoc mundo.*

2 Ac si diceret: Non me regem nego. Sed *regnum meum non est de hoc mundo* quia nec ego secundum beneplacitum huius mundi regnare dispono 85 neque per fauorem huius mundi regnum mihi collatum recognosco. Item aliam tincturam offerebant ei fratres eius dicentes: *Transi hinc et uade in Iudeam ut et discipuli tui uideant opera tua que facis. Nemo quippe in occulto quid facit et querit ipse in palam (f. 142) esse. Si hec facis, manifesta te ipsum mundo. Neque enim fratres eius credebant in eum.*
90

3 Ecce canale plenum sordibus mundane glorie in quod iste rex glorie purpuram suam nolebat intingere. Respondens enim dixit istis consiliariis indisciplinatis: *Tempus meum nondum aduenit. Tempus autem uestrum semper est paratum. Non potest mundus odisse uos. Me autem odit quia ego testimonium perhibeo de illo quia opera eius mala sunt. Vos ascendite ad diem hunc. Ego autem* 95 *non ascendam quia tempus meum nondum aduenit.*

4 Maluit autem iste rex glorie mutuando consilia de canalibus diuine scripture ita regnare ut haberet odium mundi quam laudes mundi captando suam regalem purpuram sordidare sicut nunc purpuram suam sordidant qui pro ampliando numero militum beneficiant uel potius 1 maleficiant non solum que habent regalia sed insuper ecclesiastica bona, etiam decimas usui solius pietatis diuinitus mancipatas.

5 Et re uera isti digni essent nudari non solum purpura sed etiam ueste alba: illi precipue qui ad augendum non solum numerum militie sed 5 etiam cumulum malitie portionem sacerdotum in decimis eatenus in usu ecclesiastico qualitercumque habitis diminuunt atque in laicas abusiones transferunt: sacrum de sacro auferentes atque in hoc sacrilegium grande conmittentes.

77 uincta: iuncta MS in both cases.   84 mundo: Jn 18, 36.   89 manifesta: manifestas MS.   90 credebant: Jn 7,   96 aduenit: Jn 7, 6.   97 Maluit... grande committentes: Grisar 551. Sackur 298.   99 purpuram: purporam MS.   2 maleficiant: inmaleficiant MS.

XXXVII
De decimis

10

1   Cum enim secundum canones exceptis ecclesiis uite conmunis ubi, asserente (f. 142v) sancto Gregorio, nulla decimarum siue oblationum facienda est portio sicut idem beatus instruit Aug(ustinum) Anglorum archiepiscopum *quatuor fieri debeant portiones* de decimis et oblationibus ex 15 omnibus his partibus uix illa sola remansit ecclesie que ad clericos pertinere uidebatur, ceteris decimarum partibus in laicorum beneficia immo maleficia profligatis.

2   Verum quia clerici per diuites ecclesias constituti uidebantur episcopis alicubi superhabundare, cathedrales canonici clericos ipsos plebales uel 20 ecclesias eorum susceperunt ab episcopis in beneficium et ipsi adeo conminuerunt portionem sacerdotum trahentes pene omnia in suas abusiones, ut non possint inueniri clerici qui talibus portiunculis uellent esse contenti nisi uilissimi concubinarii conducticii usurarii aleatores uenatores negotiatores girouagi absolute ordinati sacerdotum filii ceterique in hunc 25 modum sacris officiis indigni.

3   Cui malo uolens remediari beate memorie papa Eugenius in Remensi Concilio statuit *ut unaqueque ecclesia cui facultas suppetit proprium habeat sacerdotem cui de bonis ecclesie tantum prebeatur beneficii unde conuenienter ualeat sustentari.*

30

4   Occasione huius capituli subtrahuntur multa sacerdoti plebem regenti et exinde inbeneficiantur laici quasi non sufficiat magnitudo illius antiqui sacrilegii quo preter clericorum partes pene (f. 143) omnia laici occupauerunt nisi accedat illis et portio clericorum de nouo nouiter inuento sacrilegio.

35

5   Interdum quoque suis capellanis talia beneficia decimarum prestant. Et hoc esset utcumque tolerabile nisi quod decime semel ab ecclesiis abalienate ac sub nomine beneficiorum prestite, licet cathedralibus clericis uel capellanis illis decedentibus facile succedunt laici in locum talis beneficii. Quod etiam factum scimus.

40

---

12 Cum... factum scimus: Sackur 298.   15 portiones: Gregory I, *Ep*. V, 49 (MGH Epp 1, 348) and *Ep*. XI, 56a (MGH Epp 2, 33). JL 1362 and 1843.   26 indigni: Cf. Second Lat. Council (1139) c. 28 and Council of Reims (1148) c. 10; Mansi 21, 533 and 716. COD 179. P. Classen, *Gerhoch* 176.   30 sustentari: Council of Reims (1148) c. 10; Mansi 21, 716C.

XXXVIII
De parasceue

1 Vnde malum simile futurum timentes hoc ipsum nunc sollicitudini apostolice suggerimus ut in ista parasceue, qua altaria sic pénitus nudantur ut nec panniculus huc usque illis relictus relinquatur, saltem una hora 45 euigilet Petrus *Lamentationibus Ieremie* plorantis excitatus et mulierum sedentium ad monumentum Iesu planctu attonitus dum quasi extinctis in ecclesia dei luminaribus expectatur a fidelibus diuina contra tantas desolationes consolatio.

2 In qua post *Lamentationes Ieremie* sonet illud canticum in auribus ec- 50 clesie realiter quod in pascali uigilia profertur uocaliter, archidiacono dicente:

XXXVIIII
De uigilia pasce

1 *Exultet iam angelica turba celorum. Et pro tanti regis uictoria tuba insonet* 55 *salutaris. Gaudeat tellus tantis irradiata fulgoribus et eterni regis splendore illustrata totius orbis se sentiat amisisse caliginem. Letetur et mater ecclesia tanti luminis (f. 143v) adornata fulgoribus.*

2 Nudatis in parasceue altaribus et extinctis noctu luminaribus, non canticum leticie sed planctus tristicie auditur in ecclesia. Sed in candela 60 quam Zosimus papa sacrari statuit quasi columpna ignis pariterque accensis aliis luminaribus pascali festo congruentibus atque ornatu solempni uestitis altaribus quasi pro summi regis uictoria tuba intonat salutaris: amicos ipsius uictoris letificans et hostes altarium eius nudatores et luminum suorum extinctores conturbans.   65

3 Quis scit si conuertatur et ignoscat deus peccatis nostris quibus iram meruimus et relinquat post se benedictionem qua super ecclesiam dei thesaurizata et manifestata uel in pascali uigilia uniuersali resurrectione proxima *exultet iam angelica turba celorum, exultent diuina misteria* dum *pro Christi regis eterni uictoria tuba intonet salutaris.* Quenam hec tuba est nisi 70 tuba nouissima cuius in *Apocalipsi* clangor preauditus est in hunc modum: *Factum est regnum huius mundi domini nostri et Christi eius et regnabit in secula seculorum.*

---

55 exultet: Text taken from the Easter Vigil.   61 Zosimus: *Liber Pontificalis*; ed. L. Duchesne 1 (Paris 1886) 225: "per parrocia concessa licentia benedici."   73 seculorum: Apoc. 11, 15.

4   In principio noue gratie secrete unus angelus non quasi tuba gran-
disona sed tamquam sibilus aure lenis auribus uirginis insonuit dicens: 75
Ecce concipies et paries filium et dabit illi dominus deus sedem Dauid patris eius et
regnabit in domo Iacob in eternum (f. 144) et regni eius non erit finis.

5   At in nouissima tuba facte sunt uoces magne in celo dicentes:
Factum est regnum huius mundi domini nostri et Christi eius et regnabit in
secula seculorum. Et xxiiii seniores qui in conspectu dei sedent in sedibus suis 80
ceciderunt in facies suas et adorauerunt deum dicentes: Gratias agimus tibi, domine
deus omnipotens, qui es et qui eras, qui accepisti uirtutem tuam magnam et regnasti.
Et irate sunt gentes. Et aduenit ira tua et tempus mortuorum iudicari et reddere
mercedem tuis seruis prophetis et timentibus nomen tuum pusillis et magnis et ex-
terminandi eos qui corruperunt terram.   85

6   Quod regnum huius mundi ad gloriam Christi regnantis in domo
Iacob sit omnino translatum, uero Ioseph super currum Pharaonis
exaltato, quodque inde irate sint gentes inaniter super hoc frementes non
indiget expositione, ipsa rerum euidentia demonstrante uerum Ioseph in
tota terra Egypti dominantem et regnantem in domo Iacob. Dominus 90
quippe generaliter omnium specialiter est rex bonorum et fidelium quibus
et reddet mercedem sibi digne ministrantes honorificando et extermi-
nando eos qui corruperunt terram: corrupti uidelicet et abhominabiles
facti in studiis suis.

7   Inter omnes autem et super omnes qui corruperunt terram notabilis et 95
culpabilis ille magis inuenitur de quo in Esaia legitur: *In terra sanctorum*
inique gessit (f. 144v) et non uidebit gloriam domini. Cum enim dicat sanctus
Iob: *Terra data est in manus inpiorum,* quod exponente Gregorio de corpore
Christi ac deinde quoque de sanctorum corporibus intelligi potest, qui
corpus Christi de quo scriptum est: *Non dabis sanctum tuum uidere corrup-* 1
tionem, quantum in ipsis est, corrumpunt: rursum crucifigentes et ostentui
habentes rei facti corporis et sanguinis eius indigne sacramentis eius par-
ticipando et sanguinem testamenti noui conculcando ipsi merito exterminandi sunt i.e. exconmunicandi uel nunc, si eorum preuaricatio 5
manifesta est uel in diuino iudicio quando in finem canente hac septima
et nouissima tuba non erit qui se abscondat a clangore eius.

8   Cum autem nunc a pluribus gratie dei contumelia fiat et ipsa in
luxuriam seu maliciam transferatur quia hoc sacrilegium publice con-

---

77 finis: Lk 1, 31.   85 terram: Apoc 11, 15.   89 expositione: expositionem MS.   93
abhominabiles: abhominales MS.   97 domini: Isa 26, 10.   98 Gregorio: *In Ez. hom.* I, 2, 14; PL 76,
801C. *Moral.* 28, 1, 4; PL 75, 882 C.   1 corruptionem: Ps 15, 10.   7 tuba: Apoc 11, 15.

missum latere non potest, cum facta eorum sint manifesta precedentia ad 10
iudicium, iure a iudicibus ecclesie forent exterminandi si non iudices ipsi
essent actores uel auctores tanti sacrilegii. Actores enim sunt cum ipsi hoc
faciant: auctores cum suos clericos ad idem iuuant prestando illis ecclesiastica beneficia que rursum ipsi clerici prestant militibus aut expendunt in luxuriis et inpudiciciis, episcopis eorum hoc scientibus — 15
neque enim in occulto fiunt ista — et minime prohibentibus, immo eos
qui (f. 145) talia inprobant odientibus et persequentibus.

9   Huc accedit quod pro scuto sue defensionis usurpant sibi prenotatum
capitulum Remensis Concilii arbitrantes hoc sibi permissum dummodo
sacerdos ecclesie ad placitum eorum non secundum diffinitiones canonum 20
accipiat unde, sicut illic dictum est, *conuenienter sustentari ualeat* ut, quod illi
superest, prout uolunt expendant uel militibus infeodando uel clericis
cathedralibus prestando qui, ipsis non prohibentibus, eadem prestant
militibus uel expendunt in suis mulieribus.

XL   25
De abhominatione desolationis

1   Atque ita siue per episcopos siue per clericos inbeneficiantes dum
semel in manus laicorum uenerint res ecclesie ille quoque, de quibus ac-
tenus ministri altaris qualescumque sustentabantur et altaria uestiebantur,
ecclesie ornabantur, post antiquam desolationem nostris in diebus 30
augmentata desolatione potest cognosci abhominatio desolationis in
quolibet loco sancto suis pertinentiis omnino spoliato et denudato atque in
laicas abusiones alienatis rebus que, si ministris altaris alicubi habundare
uiderentur, non militibus aut inpudicis mulieribus sed Christi pauperibus
aut cum Petro et Aug(ustino) militantibus aut cum Iohanne ac sancto 35
Benedicto sic manentibus ut de ipso Iohanne dictum est: *Sic eum uolo
manere* aut certe cum Lazaro mendicantibus erat dandum quod superesset
iuxta illud euangelicum: *Quod superest date et omnia munda erunt (f. 145v)
uobis.*

2   Certe ut multum condescendatur in ista causa, si episcopi uellent suos 40
cathedrales clericos iuuari de superhabundantia plebanorum sacerdotum,
rectius et tolerabilius, illa superhabundantia plebanis detracta, firmari
poterat in conmune stipendium fratribus in congregatione uiuentibus a
preposito distribuenda prout cuique opus esset quam quod aliquo fratrum
de multarum ecclesiarum beneficiis ditato et altero in sua paupertate 45

12 Actores.... suis mulieribus: Sackur 299.   19 capitulum: Council of Reims (1148) c. 10; Mansi 21,
716C.   24 expendunt: expendant MS.   27 Atque... opus esset: Sackur 299-300.   31 desolationis:
Mt 24, 15.   37 manere: Jn 21, 22.   38 munda: Lk 11, 41.

neglecto alius quidem esurit, alius autem ebrius est. Quod apostolus in *Corinthiis* inprobat dum habentes confundunt eos qui non habent ac proinde, apostolo iudice, sic illis conuenientibus in unum iam non est dominicam cenam manducare.

3   Multo autem conuenientius esset ut ipsi plebani retentantes omnia 50 que secundum canones ad se pertinent cogerentur de sibi conditis rebus recte agere sufficientes ministros canonice sibi aggregatos una secum fraterne sustentando.

4   Et hoc fortasse intendit papa Eu(genius) decernens tantum sacerdoti relinquendum unde *conuenienter sustentari ualeat*. Ille dixit conuenienter. 55 Sed nunc agitur ualde inconuenienter dum et sacerdos ultra modum pariterque sibi commissa ecclesia depauperatur et id quod ei detrahitur ecclesie alienatur et mundo inmundo, qui in malignis positus est, confertur ut fiat (f. 146) supra modum nuda ecclesia: non habens uel panniculos huc usque sibi relictos ad uerecunda saltem sua tegenda.   60

5   Neque uero nos hec dicendo fauemus ipsorum plebanorum irreligiositati sed uellemus peccata personarum non uerti in detrimentum ecclesiarum, immo uellemus ipsas personas emendari uel mutari, manente omnimodis ecclesiarum substantia in usu ecclesiastico, uel ipsorum plebanorum uel aliorum pauperum uel certe saltem ipsius episcopi 65 procurantis ecclesias monasteria xenodochia pauperesque alios ut ipsis distribuerentur per eum prout cuique opus esset. Nam de militia quam exinde augent episcopi uel eorum clerici ultra modum ditati quid dicam? Numquid nam regalis eorum pompa censenda est esse *purpura regis uincta canalibus*?   70

XLI
De uestimento mixto sanguine

1   Hoc fortasse ipsi putant. Sed uerius estimatur esse uestimentum mixtum sanguine quod, iudicante propheta, erit in combustionem quia omnis uiolenta predatio cum tumultu et uestimentum mixtum sanguine erit in 75 combustionem et cibus ignis eo quod non facile potest emundari a mixtura sanguinis.

47 Corinthiis: 1 Cor 11, 20.   49 manducare: P. Classen, *Gerhoch* 176.   54 Et hoc... in combustionem: Grisar 551-552.   55 ualeat: Council of Reims (1148) c. 10; Mansi 21, 716CD.   58 positus: 1 Jn 5, 19.   66 xenodochia: xenochia MS.   70 canalibus: Ct 7, 5.   73 Hoc... mansuetis terre: Sackur 300-301.   74 sanguine: Isa 9, 5.   76 ignis: Isa 9, 5.

2   Huiusmodi uestis maxime ubi fit quod dictum est in *Apocalipsi ut qui in sordibus est sordescat adhuc et qui nocet noceat adhuc*. Etenim si is qui in sordibus est uere penitens nollet ultra sordescere et qui nocet amplius nocere, 80 caueret uestimentum licet mixtum sanguine cibus ignis (f. 146v) minime fieret sed iuxta doctrinam prophete querentibus iudicium, subuenientibus oppresso, defendentibus uiduam, quiescentibus agere peruerse, discernentibus benefacere, auferentibus malum cogitationum suarum ab oculis domini, si essent peccata eorum ut coccinum qui color est rubeus et 85 sanguineus quasi nix dealbarentur.

3   Nunc autem sacrilegiis antiquis in decimarum alienatione commissis adicientes noua sacrilegia sicut longe sunt quidam eorum a uera penitentia sic longe sunt a uera indulgentia. Quidam tamen per gratiam dei uexatione auditui eorum dante intellectum, discunt et sentiunt uerum esse 90 quod propheta dicit: *Multiplicasti gentes et non magnificasti leticiam*, quia multiplicata illis militum copia numerosa incipit ipsa militia simul cum malitia sua esse onorosa.

4   Et tamen tantus est ardor insanie qua res ecclesie student alienare ut quidam, licet formidantes infeodare decimas, tamen non formident aliis 95 modis illaqueare illas scilicet uel inpignorando uel sic, nescio quibus artificiis, tolerando ut laici eas possideant quoadusque ab ecclesiis alienate in laicas abusiones transeant.

5   Audiui nuper de quodam episcopo, cuius nomen ad presens taceo, quod predia ecclesie sibi conmisse laicis infeodauit super quibus non in-   1 feodandis anathema promulgatum fuit (f. 147), me presente, a legato sedis apostolice cardinali Octauiano, tribus episcopis et multis uiris religiosis illi cooperantibus et sermonem huius anathematis confirmantibus, extinctis candelis in signum uidelicet quod esset extinguendus episcopus qui   5 contra illud anathema faciens laicis prestaret predia ecclesiasticis usibus a suo predecessore collata: etiam ea que tunc episcopus habuit ad mensam suam. Et ecce, ut uulgo dicitur et rei euidentia comprobatur, illa predia ecclesiastica usui ecclesie subtracta et laicis infeodata sunt.

Mundi Roma caput si non ulciscitur illud   10
Que caput orbis erat causa fit et pereat

---

79 adhuc: Apoc 22, 11.   86 dealbarentur: Isa 1, 16.   89 Quidam... mansuetis terre: Grisar 552-553.   91 leticiam: Isa 9, 3.   99 Audiui: The bishop involved was Conrad of Augsburg (1152-67) of whom Gerhoch speaks in his commentary on Ps 133; PL 194, 891C (MGH Lib. 1, 499-500). P. Classen, *Gerhoch* 181-182 and 364.   3 Octauiano: Cardinal Deacon of S. Nicola in Carcere (1138), Cardinal Priest of S. Cecilia (1151), he died as antipope Victor IV (1159-64). P. Classen, *Gerhoch* 135-141.   11 pereat: See *Neues Archiv* 8 (1883) 191. MGH Lib. 3, 288-304.

ait quidam uersificando propter improbandum quoddam similiter nefandum nefas.

6 Nos uero his malis crebrescentibus non uersificando sed orando pulsamus ad ostium gracie diuine ut Petrus inter hec dormiens a domino 15 excitetur quatinus per illum bene uigilantem sacrilegiis episcoporum simulque clericorum cathedralium de rebus ecclesie milites sibi multiplicantium racionabiliter obuietur ita ut contenti sint episcopi de solis regalibus antiquitus infeodatos milites et principes conseruare in defensionem ecclesie qualemcumque desinantque nouos de nouis 20 beneficiis multiplicare maxime de decimis ac ceteris oblationibus ecclesiastico usui collatis ut fiat secundum uerbum Christi dicentis: *Reddite que sunt (f. 147v) Cesaris Cesari et que sunt dei deo,* dum et Christo seruitur de decimis et liberis oblationibus fidelium et regi siue inperatori de regalibus et inperialibus obsequium persoluitur in consiliis bonis et com- 25 petentibus auxiliis ecclesie simul et regno utilibus atque ante omnia honori et timori diuino competentibus.

7 Petrus enim apostolus dicturus: *Regem honorificate,* premisit: *Deum timete,* ut in omnibus quibus regem honorificamus uel honorificandum predicamus, timorem dei pre oculis habeamus. Quanto magis in ceteris 30 principibus et laicis honorificandis et ditandis episcopi ceterique spiritales uiri, quibus conmissa sunt uictualia pauperum, pre oculis habere debent illud iudicium tremendum quo inpios arguet dominus pro mansuetis terre.

8 Notandum sane quod pro mansuetis celi qui sunt sancti angeli non arguentur inpii sed pro mansuetis terre, dicente iudice: *Esuriui et non* 35 *dedistis mihi manducare, sitiui et non dedistis mihi bibere* et cetera usque *quandiu non fecistis uni de minimis meis nec mihi fecistis.* Isti minimi Christi sunt mansueti terre quibus cum subtrahuntur debita stipendia ira diuina irritatur super inpios maxime inde inexcusabiles quod episcoporum seu clericorum legem dei scientium nomine simul et officiis honorificantur et 40 tamen contraria suo nomini suoque honori scienter et sine respectu (f. 148) diuini timoris operantur.

9 Verum de his plura loqui ad presens omittimus et tibi, pater Adriane, qui regimen tenes in domo Iacob talia multa his similia per te consideranda relinquimus atque, ut id competentius possis, libellum *De con-* 45

---

23 deo: Mt 22, 21.   28 honorificate: 1 Pet 2, 17.   30 habeamus: Rom 3, 18.   33 terre: Ps 75, 10.   37 fecistis: Mt 25, 42.   41 nomini: nomine MS.   43 Verum... qui metet: Sackur 301.   45 libellum: *De consideratione*; PL 182, 727-808; ed. Leclercq-Rochais 393-493.

sideratione ab abbate Clareuallensi predecessori tuo, sancte recordationis
Eug(enio) pape dictatum, sic legens considerare curato quasi optime
congruentem sancto apostolatui tuo. Nam et tu sicut ille homo es, sub
potestate diuina constitutus et regularibus disciplinis exercitatus, habens
sub te pontifices et hoc est miserabile quod dicis huic: Vade, et non uadit; 50
et alteri: ueni, et non uenit.

10   Si tamen tu illud dicis quod antecessores tui dixerunt, Innocentius et
Eugenius, quibus emittentibus precepta saluberrima in suis conciliis nondum est obedientia exhibita, deo fortasse ordinante, ut quod illi
seminauerunt tu meteres et in labores eorum tu introires. In hoc enim 55
uerbum uerum est quia alius est qui seminat, alius est qui metet.

XLII
De inauribus therebinto suffodiendis

1   Insuper tibi regimen tenenti, sicut dictum est, in domo Iacob com-
placeat exemplum patriarche Iacob qui portatas ad se inaures filiorum et 60
filiarum ad se pertinentium infodit eas subter therebintum, profecto
significans hoc facto eos qui a ueritate auditum auertentes ad fabulas
autem conuersi coaceruant sibi magistros prurientes auribus (f. 148v)
humiliandos esse sub misterium crucis dominice.

2   Vt nouerint illum sapientiorem qui nichil se scire fatebatur nisi 65
Christum Iesum et hunc crucifixum quam coaceruatos illos magistros de
quorum doctrina non fulget ecclesia sed fumant scole plures in Francia et
aliis terris, permaxime a duabus caudis ticionum fumigantium: uidelicet
Petri Abaiolardi et episcopi Gilliberti. Quorum discipuli eorum dictis et
scriptis inbuti hominem Verbo dei unitum negant esse filium dei deum 70
dicendum nisi accidentali, ut aiunt, connexione.

XLIII
Nouitates in doctrina fidei

1   Item negant diuinitatem Verbi incarnatam. Dicunt personas diuinas et
earum proprietates extra substantiam dei considerandas. Dicunt ipsas 75
proprietates personis forinsecus affixas unde nec ipsas nec earum unitates

---

46 Clareuallensi: Clarauallense MS.   51 uenit: Mt 8, 9.   56 metet: Jn 4, 37.   60 inaures: Isa 3,
20.   61 therebintum: Gen 35, 4.   66 crucifixum: 1 Cor 2, 2.   67 quorum... connexione: Sackur
301.   75 considerandas: Gilbert, *De Trin.* II, 2, 64; ed Häring 176: "Vnitates... non poterunt esse substantie."   76 affixas: Gilbert, *De Trin.* I, 5, 43; ed. Häring 148: "Theologice persone... harum que dicte
sunt extrinsecus affixarum rerum oppositione a se inuicem alie probantur et sunt."

inesse sed adesse diuinitati ipsasque personas etsi diuinitate esse uel diuinitatem appellari, non tamen diuinitatem esse fatentur sed et ipsam diuinitatem, qua deum esse affirmant, esse deum negant.

2   Eritque secundum eos deus iam non perfecte simplex si alio est quod 80 est et aliud ipse est. Et sic inueniretur aliquid deo melius: hoc scilicet quod conferret ei ut esset deus. Dicunt in deo quatuor unitates inter se distinctas: unam unius usye, tres trium proprietatum ut secundum eorum sensum intelligatur in quatuor unitatibus quaternitas, non Trinitas.

3   *Quoniam,* inquiunt, *paternitas et filiatio (f. 149) et connexio diuersa sunt,* 85 *oportet unitates quoque, que illis assunt, a se inuicem esse diuersas.*
   Item ait episcopus Gillibertus:
   Vnitates que assunt paternitati et filiationi et connexioni, quibus sunt tria, non modo hec predicata uerum etiam illa, de quibus predicantur i.e. pater et filius et spiritus sanctus, nequaquam poterunt esse substantie.   90

4   Item dicunt humanam in Christo naturam summa et inmensa dei gloria non glorificatam. Item glosantes *epistolam ad Philippenses* dicunt nomen quod est super omne nomen non esse datum homini assumpto ita ut sit deus nominandus nisi forte, ut aiunt, per adoptionem in qua significatione hoc nomen "deus" non est super omne nomen.   95
   Dicunt soli Verbo tunc illud nomen esse datum cum post resurrectionem et ascensionem assumpti hominis fuit manifestatum id quod ipsi Verbo assumenti fuit una cum patre naturale nomen et eternum.

5   Cuius nominis significatum asserunt ab homine assumpto sic alienum sicut a corpore intelligentia et a mente color, cum tamen propter persone   1 unitatem dicatur uere coloratus intelligere et intelligens coloratus esse.
   Dicunt in Christo neque diuinitatem incarnatam neque humanitatem deificatam. Item astruere conantur hominem esse assumptum in dei filio siue in deo non in dei filium siue in deum : tali uersutia uerborum negan-   5 tes hominem assumptum filium (f. 149v) dei esse siue deum proprie nominandum utpote, sicut estimant, sic assumptum ut sit in deo quasi

---

77 adesse: Gilbert, *De Trin,* II, 2, 64; ed. Häring 176: "Oportet unitates quoque, que illis assunt, a se inuicem esse diuersas."   79 negant: Geoffrey of Auxerre, *Libellus contra capitula Gisleberti* II, 1; ed. Häring, in: *Anal. Cist.* 22 (1966) 38 states: "Inicium malorum hoc erat: forma ponebatur in deo qua deus esset et que deus non esset."   82 conferret: St. Bernard, *De consid.* V, 7, 16; PL 182, 797C: ed. Leclercq-Rochais 497. Gilbert, *De Trin.* I, 2, 55; ed. Häring 90 writes: "Deus cui diuersa non conferunt ut sit." The point was debated at the papal consistory held at Reims after the Council (1148), as is indicated by Geoffrey, *Ep. ad Albinum* 2, 8; ed. Häring 71: "Et disputabat sanctus Bernardus aduersus episcopum dicens graue uerbum et enorme uideri quo dicebatur diuersa non conferre deo ut sit — quasi conferat unum."   88 item: *De Trin.* II, 2, 64; ed. Häring 176.   92 glossantes: Cf. Geoffrey, *Ep. ad Albinum* IX, 47, ed. Häring 77. P. Classen, *Gerhoch* 94-96.

unus ex prophetis uel paulo amplius honorandus non tamquam deus
altissimus adorandus, cum de filio dei etiam secundum quod factus est ei
ex semine Dauid secundum carnem constet apostoli testimonium dicentis 10
tanto melior angelis effectus quanto differentius pre illis nomen
hereditauit. Item : *Adorent eum omnes angeli dei.*

6   In sola quippe assumpta natura melior angelis ipse factor effectus et
exelsior celis factus est in qua et promissiones habuit patris dicentis: *Ego
ero illi in patrem et ipse erit mihi in filium.* Neque enim hoc Verbo assumenti 15
sed homini assumendo fuit promissum quia nomen super omne nomen,
scilicet "deus", quod Verbum eternaliter habuit homini assumendo ipsa
sui in deum dei filium assumptione conferendum fuit ex testimonio
prophetarum et nunc esse collatum constat ex testimonio apostolorum.

7   Item dicunt patris et filii et spiritus sancti diuinitatem esse singularem 20
— quo dicto fauent Sabellio — et tres personas tres habere unitates —
quo dicto fauent Arrio — in neutro assentientes catholice fidei Trinitatem
in unitate, non in singularitate, ueneranti contra Sabellium et trium non
tres unitates sed unam unitatem asserenti aduersus Arrium.
    Cum enim (f. 150) filius dicat: *Ego et pater unum sumus,* per *unum* Arrius, 25
per *sumus* confutatur Sabellius. Per utrumque instruitur catholicus ut nec
singularitatem admittat ubi audit *sumus* nec plures unitates ubi audit *unum*
sed credat per *sumus,* uerbum substantiuum, substantiuas exprimi personas, per *unum* prohiberi ne substantias plures intelligamus nos qui
Trinitatem in unitate et unitatem in Trinitate uenerandam predicamus. 30

8   Item de eternitate dei Gillibertus in Boetium dicit inter cetera: *Cum
semper esse deus dicitur — deus quidem usia, semper eternitate — intelligitur eternitatis cum temporibus hoc sensu facta collatio.*
    Idem:
    Sicut est una et singularis et indiuidua et simplex et solitaria essentia qua eter- 35
nus ipse fuit est erit deus ita est una et singularis et indiuidua et simplex et
solitaria mora que uocatur eternitas qua deus ipse fuit est et erit eternus. Ipse
namque et est et est deus et eternus: sed est et est deus essentia, est uero eternus
mora.

9   Non sic orthodoxi distingunt inter dei essentiam et eius eternitatem 40
sicut iste nouus et recens recentis dei repertor et assertor. Vnde ad huius

9 dei: Heb 1, 6.   15 in filium: Heb 1, 5.   20 dicunt: Cf. Gilbert, *De Trin.* II, 2, 64; ed. Häring
176.   25 sumus: Jn 10,30.   31 Item: Here begins the "Excerptum ex epistola ad Adrianum" preser-
ved in MS Klosterneuburg, Stiftsb. 354, f. 84v. "Gislebertus in Boetium de eternitate dicit inter cetera:
Cum semper esse..."   Gillibertus: *De Trin.* I, 4, 76; ed. Häring 130-131.   32 semper: semper uero
Gilbert.   34 Idem: Gilbert, *De Trin.* I, 4, 82; ed. Häring 131.   37 que uocatur: qua uocatur *Klostern.*
namque et: namque *Klostern.*   38 est deus et eternus: deus et est eternus MS.

recentis dei repulsam libenter audimus frequentari canticum istud in domo Iacob: *Israel, si me audieris non erit in te deus recens neque adorabis deum alienum.* Deus enim qui colitur in domo Iacob non ita est compositus ut aliud .it ipse, aliud quod est in ipso. Sed quod in ipso est, hoc ipse est. 45 Verbi gratia (f. 150v), bonitas iusticia eternitas in ipso est et ipse est ipsa bonitas iusticia et eternitas qua bonus iustus et eternus est.

10   Vnde Hylarius in libro viii:
Deus, inquid, inmense uirtutis uiuens potestas, que nusquam non assit nec desit usquam, se omnem per sua edocet et sua non aliud quam se esse significat ut, ubi 50 *sua insint, ipse esse intelligatur. Non aliud autem sunt quam quod est ipse que sua sunt.*

Idem in eodem:
Non humano modo ex compositis est deus ut in eo aliud sit quod ab eo habetur et aliud sit ipse qui habet. Sed totum quod est uita est.   55

11   Secundum hec dicta Hilarii sic deus habet sapientiam iusticiam eter-nitatem ut si quod habet: sapientia uidelicet, iusticia eternitas et cetera in hunc modum. Que in deo non sunt multa sed unum. Et quidem hic sensus patet in sapientia et iusticia seu bonitate ac ceteris quorum nomina in homine qualitatiua, in deo intelliguntur substantiua quoniam in summa 60 natura nichil differt siue dicatur iusta siue iusticia siue dicatur bona siue bonitas. Idemque in ceteris intelligitur que deo sunt naturalia et essen-tialia. Immo, cum dicantur multa, una sunt essentia.

12   Eternitas autem sic intellecta, sicut in premissa glosa descripta est, ab essentia dei tam uidetur aliena, cum sit mora quedam sempiterna, sicut ab 65 hominis essentia mora etatis eius aliena est. Non sic intellexerunt eter-nitatem (f. 151) in deo patres antiqui, ueri dei cultores et predicatores in domo Iacob.
Audi quid dicat Augustinus *De Trinitate:*
Cum aliquis homo dicatur corpus et rationalis homo non uno modo uel una con- 70 *sideratione hec tria dicuntur. Secundum aliud enim corpus et secundum aliud rationalis est: et singulum horum non est totum quod homo. Illa uero summa essen-tia summa uita summa iusticia summa sapientia summa magnitudo summa eter-nitas et alia similiter quecumque sunt in uocabulis multiplicia, non plura significant sed unum.* Nota in his dictis eternitatem inter cetera essentialia nominata a 75 beato Augustino.

44 alienum: Ps 80, 10.   46 ipse est: Cf. Augustine, *De ciuitate dei* XI, 10, 1; PL 41, 325.   48 Hylarius: *De Trin.* VIII, 24; PL 10, 253B (abbreviated).   53 Idem: *De Trin.* VIII, 43; PL 10, 269A.   56 hec: hoc MS.   69 Augustinus: not found.   72 singulum: singuli *Klostern.*   74 significant: signicant MS.

13   Idem in *Libro Confessionum:*

O eterna ueritas et uera caritas et cara eternitas tu es, deus meus. Nequaquam
iste sanctus eternitatem deum suum diceret si eam diuinam substantiam
non esse intelligeret.   80

Gregorius in V. libro *Moralium:*

*Quisquis iam aliquid de contemplacione eternitatis apprehenderit hanc per coeter-
nam eius speciem conspicit.*

Item:

Nimirum mens cum in contemplacionis sublimitate suspenditur, quidquid perfecte 85
conspicere preualet, deus non est. Cum uero subtile aliquid conspicit, hoc est quod de
incomprehensibili substantia eternitatis audit.

14   Secundum hec dicta patrum substantiam eternitatis ueneremur in
deo nostro abdicantes moram eternitatis que falso attribuitur deo
quoniam, sicut auctor ait, *nostrum nunc quasi currens facit sempiternitatem.* 90
Eius ab initio (f. 151v) temporis usque protractionis ad finem mora ex-
tenditur. *Diuinum uero nunc permanens neque mouens sese atque consistens eter-*
nitatem facit, ait Boetius. Nos autem expressius dicimus quia tale nunc
eternitas ipsa est qua et deus eternus et que deus eternus est.

15   Cui eternitati omnino simplici qui moram attribuit, sensum Boetii 95
non elucidat sed obscurat, cum ille sane fidei homo scriptis Augustini, ut
ipse fatetur, eruditus eidem nusquam reperiatur contrarius. Patet uero in
premissis Augustini uerbis quem sensum beatus ille habuerit et docuerit
de diuina eternitate quam nullatenus distinguit ab ipsa diuinitate
quoniam, ut ipse affirmat, in deo summa essentia summa uita summa   1
eternitas unum sunt.

16   Igitur cum de deo dicitur «semper est» de homine uero «heri uenit»,
non eternitatis ad tempus sed tocius ad partem collatio est quoniam deus,
qui in eternitate sua non habet preteritum seu futurum sed tantum presen-   5
tialiter esse absque omni more protractione, ipse idem in omni temporalitatis nostre preterito fuit, presenti est, futuro erit. Quod est ei semper
esse — si tamen, ut auctor ait, diuinum illud tempus semper dici potest.
De predicamento enim «quando» tractans et hoc deo uel homini forin-

---

77 libro: *Confess.* VII, 10, 16; PL 32, 742.   81 Gregorius: *Moral.* V, 34, 63; PL 75, 714C.   82
coeternam: coeterna MS. coeternam *Klostern.*   84 Item: *Moral* V, 36, 66; PL 75, 716A.   90
quoniam: quam MS. quoniam *Klostern.*   auctor: Boethius, *De Trin.* 4; ed. Stewart-Rand 20.   93
Boetius: *De Trin.* 4; ed. Stewart-Rand 20: "Diuinum uero nunc..."   uero nunc: nunc uero
MS.   facit: facit et *Boethius.*   96 Augustini: Boethius, *De Trin.,* prol.; Stewart-Rand 4.   4 partem:
tempus *Klostern.*   6 omni: omnis MS.   7 erit: Gilbert, *De Trin.* I, 4, 59; ed. Häring 127.   8 auctor: Boethius, *De Trin.* 4; ed. Steward-Rand 22.   9 predicamento: precamento MS.

secus assignans nusquam nominat eternitatem ne putes infinitatis cum re   10
finem seu principium seu etiam utrumque habente ullam esse
collationem.

17   Dicit autem sanctus Hylarius (f. 152) in libro II:

Infinitas in eterno, species in imagine, usus in munere. Si ergo eternus est
pater, eterna etiam imago patris filius, eternum quoque munus utriusque 15
spiritus sanctus, consequens est ut trinus deus omnino sit infinitus ac
proinde nulli rei temporalitatis aut localitatis terminis incluse con-
ferendus, utpote substantialiter eternus quemadmodum substantialiter est
infinitus et inmensus. Nam quicquid ad se dicitur ut deus omnipotens
eternus inmensus infinitus inmortalis incomprehensibilis ad essentiam 20
eius pertinet qua unum est, quomodo relatiua nomina significant
proprietatum differentiam qua trinus est.

18   Vnde auctor: *Facta est,* inquit, *Trinitatis numerositas in eo quod est*
predicatio relationis, seruata uero unitas in eo quod est indifferentia uel substantie
uel operationis uel omnino eius que secundum se dicitur predicationis. Ita igitur sub- 25
stantia continet unitatem, relatio multiplicat Trinitatem.

Hec, dicente Boetio, predicatio eternitatis de deo patre filio ac spiritu
sancto, cum singulus eorum secundum se dicitur eternus et tamen non
tres eterni sed unus eternus, potius ad essentiam, qua unum sunt, quam ad
proprietatum differentiam qua tres sunt referenda est.   30

19   Et ideo illum deum recentem, cui eternitas asseritur non esse substantialis, recipere differimus donec audiamus quid inde censeat successor
Petri, cui non caro et sanguis per argumenta philosophica sed pater
celestis occulta inspiratione (f. 152v) reuelauit quid inter aduersa uel
diuersa sentientes approbet uel improbet.   35

XLIIII

De accidentali conexione

1   Item cum proponitur homo est deus uel deus est passus, accidentalis
est, inquiunt, ista connexio eo quod predicamentum non secundum
causam redditur subiecto quia non inde deus unde homo uel inde passus 40
unde deus quemadmodum, cum dicitur corpus esse rationale uel rationale

---

12 collationem: colleetionem *Klostern.*   13 Hylarius: *De Trin.* II, 1; PL 10, 51A.   19 ut deus: deus ut
MS.   21 significant: signant MS.   23 auctor: Boethius, *De Trin.* 6; ed. Stewart-Rand 28.   27
dicente Boetio: Boetio dicente MS. dicente Boetio *Klostern.*   31 illum deum: deum illum MS. illum
deum *Klostern.*   35 Improbet: End of the "Excerptum" in MS Klosterneuburg, Stiftsb. 354, f.
85.   39 inquiunt: Gilbert, *Contra Eutychen* 7, 30; ed. Häring 347: "Ideoque conexio qua dicitur "deus
est passus' quamuis accidentalis sit, uera tamen est."

corporeum, accidentalis est connexio quia uidelicet predicatum non proprie uel ex causa conuenit subiecto.

2 Et nos quidem, si de homine uel deo agatur, absolute sine respectu alicuius persone, cum proponitur homo est deus uel deus est passus, 45 propositio indefinita uerum uel falsum significans ad utrumlibet se habet et quodam modo accidentalis dici potest quia inuenitur et homo deus et homo non deus. Item inuenitur deus passus — filius scilicet — et deus non passus — pater scilicet. Verum si definite homo, quem pater sanc- tificauit et misit in mundum, supponatur et hic deus esse asseratur, tam 50 naturalis est ista connexio ac si proponas de Petro quod sit homo uel de homine quod sit animal.

3 Item si definite hunc deum et dominum glorie affirmes crucifixum — dei filium scilicet — incarnatum, passum sub Pontio Pilato tam conueniens est connexio qua deus passus asseritur quam illa qua Paulus 55 dicitur mortuus, cum nec in Paulo humanitas (f. 153) nec in deo diuinitas mortua sit, quando uel Paulus secundum solum corpus uel deus item secundum solum corpus mortem subiit que intelligitur corporis et anime separatio tam in homine deo quam in homine non deo.

4 Vnde huiuscemodi connexiones cum de Christo agitur accidentales 60 dicere licet, ut aiunt, magistraliter dici possit, nouitas doctrine uidetur apostolica discretione utrumne sit profana una cum ceteris que noua nunc dicuntur uentilanda et aut roboranda si bene aut cassanda si male dicun- tur. Quod ipsum de ipsis quoque meis dictis censeo seruandum quia ego neque aduersarios meos neque me ipsum iudico. Qui autem in celis 65 iudicat me, dominus est. Qui super terram iudicat me, Romanus pontifix est. Et ego diuino simul et apostolico iudicio me meaque scripta seu dicta ita submitto ut si aliud, quod absit, euangelizauero preter quod apostolicis documentis congruit, documentum meum anathema sit.

5 Sic etiam noua documenta glosis in Apostolum et Boetium a magistro 70 Gilliberto inserta credimus uentilanda et suffodienda subtus therebintum. Therebintus denique arbor resinam generans preciosissimam lignum crucis, quod uirtutis est optime, significat subter quam inaures totius domus Iacob sepeliuntur ut eorum nullum ultra uestigium (f. 153v) reperiatur. Inaures enim tunc in domo Iacob non solum femine sed uiri 75 more orientalium populorum habebant quod mollis et effeminati animi erat instrumentum. Significant autem inanes false doctrine faleras eloquentia nitidas et fulgidas sed sensu ueritatis uacuas.

---

42 connexio: Gilbert, *Contra Eutychen* 7, 25; ed. Häring 346. Gerhoch's exposition of this doctrine is ex- cellent.   44 nos: the verb seems to be missing.   71 therebintum: 3 Kgs 13, 14.   77 in- strumentum: Gen 35, 14.

6   Quibus omnibus et quod stultum est dei inuenitur sapientius et quod
infirmum fortius. *Nos enim,* ait Apostolus, *predicamus Christum crucifixum,* 80
Iudeis quidem scandalum, gentibus autem stulticiam, ipsis autem uocatis Iudeis
atque Grecis Christum dei uirtutem et dei sapientiam. Non autem frustra sed
pro re necessaria diuinitus suggestum est beato Iacob ut inaures totius
domus sue therebinto suffoderet quando, interfecto a filiis suis filio Emor
principis terre, conpulsus est a Sichem fugere in Bethel.   85

7   Nam antehac ipse timidus adorauerat Esau et tunc interfecto Sichem
timuit se suosque omnes interfici in ultionem principis interfecti et omnium illius ciuitatis masculorum. Sepultis uero inauribus et diis alienis de
domo sua eiectis, terror domini inuasit omnes per circuitum ciuitatis. Et
non sunt ausi persequi recedentes.   90

8   Forsitan et in diebus nostris, doctrinis uariis et peregrinis de medio ecclesie ablatis et dampnatis, hostibus ecclesie terror incucietur. Et
Romanus (f. 154) pontifex uel alter Iacob nunc fugiens eosdem hostes,
maxime ciues Romanos, ipsis humiliatis habitabit secure in Bethel quod
interpretatur domus dei. Suffosis enim iam dictis inauribus, uenit Iacob in 95
Bethel ipse et omnis populus cum eo edificauitque ibi altare appellauitque
nomen loci illius Domus dei.

XLV
De legistis

1   Possunt quoque haut absurde surdis ad legem dei auribus et ad leges   1
Iustiniani patulis ac pruritu magno estuantibus inaures, quas amant
quasque decenter in forensi conuentu ostentant in domo Iacob denegari,
ubi decentius iudicatur secundum legem dei quam secundum legem
Iustiniani uel Theodosii quorum tamen leges non improbamus nisi forte   5
alicubi discordent a diuine legis constitutionibus.

2   Verum in domo Iacob simplex narratio et sincerum iudicium secundum consuetudines antiquorum pontificum Romanorum perornat ipsam
domum, si lex domini irreprehensibilis presideat in ea tamquam domina
gentium princeps prouinciarum, qua dominante et regnante in domo   10

82 sapientiam: 1 Cor 1, 23.   non: nos MS.   83 necessaria: necessarias MS.   93 fugiens: See
Otto of Freising, *Gesta Frid.* II, 34; ed. Waitz-Simson 141-142.   1 Possunt... Iacob in eternum: Sackur
301-302. P. Classen, *Gerhoch* 179-180.   2 Iustiniani: Cf. St. Bernard, *De consid.* I, 4, 5; PL 182, 732:
ed. Leclercq-Rochais 399. B. Jaqueline, Saint Bernard et le droit romain, in: *B. de Clairvaux, Commission*
d'hist. de l'ordre de Citeaux (1953) 429-433.   6 constitutionibus: Gregory I, *Moral.* III, 19, 34: PL 75,
617A.

Iacob, lex forensis iudicii uel ancilla subseruiat per contemptibiles ad
maiora minus idoneos amministrata, sicut Apostolus consulit, ne maiores
qui orationi et ministerio uerbi cum apostolis uacare (f. 154v) debent
nimium secularibus negociis implicentur et per hec utiliora suffocentur.

3 Iudices enim tam seculares quam spiritales in ecclesia dei sufficienter 15
ad direptionem litium constituendos exemplis Moysi et monitis Apostoli
docemur ut sit cuique liberum pro causarum qualitate nunc ecclesiasticum nunc forense iudicium expetere ut, si non perfectionis amore
uult sua contempnere, in hoc saltem ualeat pulsans pulsato parcere sueque
innocentie lucra etiam cum dampno lucri terreni augmentare, si non apud 20
iniquos et infideles forenses illum exponit, forte cruciandum forte spolian-
dum per iudicem cinctum, sed pocius trahens illum ad ecclesiasticos
iudices geminum lucrum consequatur et in emendatione fratris et in suis
rehabitis absque uindicta sanguinis quam non debet inferre iudex qui
uirgam tantum non etiam gladium portat.   25

4 Concordat his que dicimus Leo papa suis decretis capitulo xxii dicens:
   Aliud quidem est debita iusta reposcere, aliud propria perfectionis amore con-
   tempnere. Sed illicitorum ueniam postulantem oportet etiam licitis abstinere dicente
   Apostolo: Omnia licent sed non omnia expediunt. Vnde si penitentes habent causam
   quam negligere forte non debeant, melius expetit quis ecclesiasticum quam forense 30
   iudicium.

5 Hec dicendo (f. 155) sanctus Leo papa ostendit satis non solum forense
sed etiam ecclesiasticum iudicium ad hoc in ecclesia dei constitutum et
suo tempore fuisse utrumque usitatum, ut in utrolibet seruata distinctione
lites dissoluerentur: non tamen ipsa iudicia confusione Babilonica 35
miscerentur et in quoddam neutrum uerterentur sed in ecclesiastico
legibus diuinis institutis canonum consuetudinibus bonis uirga directionis
moueretur per manum iudicis non cincti et in forensi legibus inperialibus
gladius moueretur ad uindictam malefactorum, laudem uero bonorum per
iudicem cinctum.   40

6 Sed quia tales aliquando, ut Iacobus apostolus ait, opprimunt et ipsi
trahunt pauperes ad iudicia, salubris est consuetudo in ecclesia ut
apostolus audiatur dicens: *Audet aliquis uestrum habens negotium iudicari apud*
iniquos et non apud sanctos atque, ut ipse monet, coram sanctis et spiritalibus

---

19 contempnere: contepere MS.   22 iudicem: "iudex cinctus est a principe delegatus cingulo
donatus" (Du Cange). Ivo of Chartres, *Ep.* 241; PL 162, 249B.   26 Leo: *Ep.* 167, 9; PL 54, 1206AB.
JL 544. P. Hinschius, *Decretales pseudo-Isidor.* (Leipzig 1863) 617.   39 uindictam: uindicta
MS   42 iudicia: Jas 2, 6.   44 sanctos: 1 Cor 6, 1.

interdum tractentur negotia etiam ciuilia non inportuno garritu legistarum 45
sed censura legum diuinarum terminanda.

7   Esset tamen utcumque tolerabile si, fidelibus et bonis legistis ad
aliquam causam discutiendam a iudice spiritali aduocatis, discussiones ille
fierent seorsum et ad ipsum differretur et defferretur (f. 155v) finale
iudicium de sententiis legistarum siue concordantium siue discordantium 50
ut ipse, uelut alter Adam, uideret quid uocaret ea que a legistis essent
usque in finem discussa.

8   Sic etiam papam Eugenium uidimus aliquando fecisse, cum haberet
secum peritos legis humane quibus in absentia sua negotia uentilantibus
ipse tandem ea consummauit iudiciis finalibus. Aliquotiens tamen idem 55
legiste, permissi ante ipsum strepitu clamoso et artificioso causas inuol-
uere, sic eas intricauerunt ut uix potuerit uel ipse uel cardinalium
quisquam eas dissoluere. Meliusque tunc fuisset illas cinomias domui
Pharaonis inmissas in domum Iacob non fuisse intromissas, maxime
regnante Christo in domo Iacob in eternum.   60

XLVI
De ranis et cinifibus et cinomiis

1   Non enim errauerunt patres orthodoxi qui, exponentes decem plagas
Egypti ranas in luto coaxantes, poetarum loquacitati cinifes rostro acuto
ledentes mundanorum philosophorum subtilitati cynomias muscas caninas 65
causidicorum forensium mordacitati coaptauerunt ac proinde in conuen-
tibus ecclesiasticis eos non admiserunt ne, si inuicem morderent et
comederent, ab inuicem consumerentur et per hoc iudicia ecclesie con-
funderentur.

2   Vnde rationabilis apparet emulatio uirorum (f. 156) religiosorum 70
super hoc dolentium quod, ranis et ciniphibus a domo Iacob segregatis,
adhuc sustinetur in ea cinomiarum tanta inportunitas ut, quotiens psallitur
misit in eos cinomiam et commedit eos, cogantur gemere de his que fiunt in
medio eorum: que fieri decuit solummodo in medio Egyptiorum in campo
Taneos in terra Cham filii Noe, cuius posteritas maledicta legitur. Et ideo 75
non mirum de terra Cham, terra scilicet Egyptiorum filiorum Cham, sic
esse scriptum: *Edidit terra eorum ranas in penetralibus regum ipsorum. Dixit et
uenit cenomia et ciniphes in omnibus finibus eorum.*

---

46 terminanda: terminanna MS.   51 ea: eam MS.   56 strepitu: Gregory, *Moral.* III, 19, 34; PL 75,
617A: "non in foro in quo lex perstrepit."   64 cinifes: scinifes MS.   65 cynomias: Ex 2, 28.   73
commedit: Ps 77, 45.   74 Taneos: Ps 77, 12.   78 eorum: Ps 104, 31.

3   Optamus ergo ut has plagas ceterasqe his consimiles auferat dominus a
terra sancta que data est in possessionem Iacob, cui benedixit dominus, 80
conmutans nomen eius, Israel uocaretur et ad preualendum contra
homines dei uisione confortaretur. Si, inquit, contra deum fortis fuisti,
quanto magis contra homines preualebis! Cuius ergo fortitudo est in
domino utique non indiget causidicorum forensium uerbositate adiuuari
ad causas dirimendas ad quas illum satis adiuuat legis diuine auctoritas, 85
dummodo uel alter Moyses recipiat et teneat consilium Ietro soceri Moysi
tales iudices in cooperationem sui ministri statuendo quales ille consulit
sub Moyse ordinandos, qui uidelicet deum timeant, diligant iusticiam,
oderint auariciam. Talium numerus in domo Iacob sufficienter
multiplicatus et lege diuina (f. 156v) instructus non indiget a causidicis 90
forensibus instrui qui potius ab illis sunt instruendi.

4   Diximus quod sentimus de causidicis forensibus discretioni apostolice
humiliter suggerendo quod domui Iacob decorum putamus, parati sane in
talibus, etsi non libenter attamen pacienter, sustinere quod sustinet
dominus domus.   95

XLVII
De recente deo

1   In his uero nouitatum doctrinis, que deum recentem introducendo
apostolice ac sane fidei aduersari uidentur, inaures chaldaico igne conflate
et malleo Babilonico fabricate notantur. Et ideo minime in domo Iacob   1
sufferende putantur cui dictum est: *Israel, si me audieris, non erit in te deus
recens neque adorabis deum alienum.* Deus enim, qualem illi describunt,
recens et alienus uidetur nobis paruulis qui ab incunabulis lactati uberibus
matris ecclesie non ita didicimus Christum sicut eum isti docent.   5

2   Vnde nec audemus temere in doctrina fidei subtilitates dialecticas et
interdum hereticas admittere contra illius consilium qui dicit: *Videte ne
quis uos decipiat per philosophiam et inanem fallaciam secundum elementa mundi
secundum traditionem hominum et non secundum Iesum Christum.*

3   Tu ergo, papa Adriane, aurium prurientium uana oblectamenta et or- 10
namenta eatenus inaudita, partim superius a nobis perstricta, partim (f.
157) sapientiorum diligentie ad inuestigandum seruata, in glosis
prenotatis uel alter Iacob sub therebinto crucis fortiter et alte suffodiendo
et dicendo: Si quis hoc uel hoc dixerit quod sane doctrine aduersari

---

83 preualebis: Gen 32, 28.   85 quas: quam MS.   87 ministri: ministii MS.   3 alienum: Ps 80,
9-10.   5 Christum: Col 2, 8.   10 Tu... ipsum conmonendo: Sackur 303.

deprehensum fuerit, anathema sit, conparabis gloriam tibi, contra hostes 15
uictoriam. Quia enim misericordiam et ueritatem diligit deus, gratiam et
gloriam dabit dominus misericordiam tenentibus et ueritatem defendentibus.

4 Attinet autem ad misericordiam errantes corrigere, ad ueritatem uero
in scriptis argute loquentium sola male dicta dampnare ac bene dicta 20
seruare. Non enim est hoc tuum qui iudicas omnem terram, ut uel perdas
iustum cum impio uel dampnes ueritatem cum mendatio. Sic in scriptis
Origenis male dicta sunt confutata et bene dicta seruata. Nos uero interim,
donec super his iudicium procedat apostolicum, tenemus consilium
apostolicum omnia probando quod bonum est tenendo et ab omni specie 25
mala, quantum gratia diuina dignabitur iuuare nos abstinendo et eos qui
nos audiunt in id ipsum conmonendo.

XLVIII

Conmemoratio preteritorum laborum

1 Cum essem iunior, cingebam me et ambulabam ubi uolebam 30
uisitando aliquotiens apostolorum limina et apostolicam sedem, non tam
habens interdum specialem necessitatem quam intendens ecclesie
utilitatem conmunem super quam et auribus apostolice (f. 157v)
discretionis aliqua suggessi que utilia putaui, propter que in itineribus
sepe laboraui periculis fluminum, periculis latronum, periculis ex genere, 35
periculis in ciuitate, periculis in solitudine, periculis in falsis doctrinis et
falsorum fratrum infestationibus foris pugnas, intus timores excitantibus.

2 Inter huiusmodi pericula dominus gratia sua astitit michi et sancta
Romana ecclesia. Hinc est quod Petro Leonis in urbe tirannizante atque
cum esset excommunicatus ipse suique fautores missas tamen celebrarent 40
et ego illos negassem in scismate sub excommunicatione corpus Christi
habere aut conficere posse, cum grandi labore meo cogebar sententie,
quam tenui et teneo, palmam uictorie coram beate memorie Innoc(entio)
papa optinere.

3 Item contra doctrinas uarias et peregrinas Petri Baiolardi auxilium 45
meum a domino in sede apostolica, quamquam ille discipulos in scola sua

---

17 dominus: Ps 84, 12.   22 impio: Gen 18, 23.   23 Origenis: Orienis MS.   seruata: *Decretalis de recipiendis et non recipiendis libris*; ed. E. von Dobschütz, in: *Texte und Unters.* 38 (1912) 10: "Item Origenis non nulla opuscula que uir beatissimus Hieronymus non repudiat legenda suscipimus. Reliqua autem cum auctore suo dicimus renuenda." Cf. Jerome, *Epp.* 61 and 62; CSEL 54, 577 and 583.   30 Cum... quod uolui: Sackur 303.   31 sedem: sede MS.   35 periculis: 2 Cor 11, 26.   37 timores: 2 Cor 7, 5.   39 Petro Leonis: Anacletus II (1130-38), antipope. P. Classen, *Gerhoch* 78-89.   42 conficere: Gerhoch, *Ep.* 21; PL 193, 577B.   44 papa: Innocent II (1130-43).

eruditos et doctrine sue consentaneos habuisset tunc in ecclesia Romana
sicut et nunc in ea sunt qui ab episcopo Gilliberto instructi fortasse
nollent aliquid contra illum dici. Sed tamen, ut spero, etiam contra ipsum
fauebunt ueritati. Similiter et pro causis aliis nichilominus ecclesiasticis 50
multum laboraui et, fauente gratia dei (f. 158) et Romanorum pontificum,
sepe optinui quod uolui.

XLVIIII

Excusatio laborum deinceps

1   Nunc autem quia senectute pariterque infirmitate corporis ita grauor 55
ut ultra non ualeam sicut ante ualui laborare — optans cum beato Iob ut
in nidulo meo moriar — derident quoque me ut illum iuniores tempore,
quorum non dignabar patres ponere cum canibus gregis mei, ait sanctus
Iob. Et ego patres ac doctores istorum licet magistros in scolasticis
conuenticulis minime preferendos uel conferendos censeo ecclesiarum 60
doctoribus orthodoxis *quorum doctrina fulget ecclesia ut sole luna.*

2   Vnde quotiens inter ecclesiastica et scolastica documenta con-
trarietatem audio, ego magis ecclesiasticis quam scolasticis fidem habeo.
Et quia debilis iam corpore non ualeo per me ipsum, saltem per literas
inde quedam insinuare curo illi ad cuius pertinet officium confirmare 65
fratres et infirmare hostes ut porte inferi non preualeant in diebus nostris
aduersus ecclesiam Petro commissam, in petra fundatam, Petri fide
roboratam.

55 Nunc... fide roboratam: Sackur 303-304.   57 moriar: moria MS. Gerhoch was born in 1093 and
died in 1169. He was succeeded in his office by his brother Arno who died in 1175. P. Classen, *Gerhoch*
355.   61 sole: sol et MS.   luna: The sentence occurs in the Roman Breviary in the "responsorium
post octauam lectionem in communi Euangelistarum, extra tempus paschale."   66 porte: Mt 16,
18.   68 roboratam: In the manuscript the tract is followed by Gerhoch's letter "Ad Cardinalem Oc-
tauianum", f. 158, line 21.

INDICES

1

Authors and Sources used by Gerhoch

(a)

Biblical quotations

GEN (1:10) 51, 55. (2:7) 97, 62. (0:1) 27, 20. (17:5) 25, 62. (17:13) 25, 63. (17:19) 25, 62. (18:6) 42, 42. (18:23) 117, 22. (21:23) 96, 27. (29:35) 25, 78. (32:24) 25, 73. (32:28) 25, 74; 116, 83. (34:1) 26, 86. (35:4) 106, 61. (35:18) 88, 71. (35:74) 112, 77. (30:34) 30, 34. (39:7) 31, 61. (39:18) 88, 62. (41:50) 88, 60. (43:34) 88, 50. (44:2) 88, 68. (45:3) 87, 35. (45:7) 31, 63. (49:3) 27, 28. (49:4) 27, 35. (49:6) 92, 83. (49:11) 26, 93. (49:22) 30, 48. (49:23) 31, 83. (49:24) 30, 51. (49:24) 34, 61. (49:26) 31, 73.

EX (2:28) 115, 65. (12:8) 38, 10. (12:9) 38, 9. (15:6) 53, 15. (28:1) 52, 88. (28:38) 53, 93. (32:25) 92, 84. (33:20) 37, 78.

DT (21:7) 23, 29. (33:6) 27, 34. (33:8) 94, 51; 92, 98. (33:10) 94, 67.

1 SAM (2:1) 37, 82. (16:1) 37, 82. (15:27) 97, 50.

3 KGS (13:14) 112, 71.

PS (1:1) 32, 5. (2:7) 74, 99. (8:6) 39, 38. (8:6) 86, 97. (15:10) 101, 1. (18:2) 24, 51. (18:5) 24, 50. (18:6) 42, 37. (25:8) 24, 52. (36:36) 32, 11. (38:4) 34, 69. (60:4) 32, 7. (67:2) 95, 85. (67:14) 37, 75. (75:10) 105, 33. (77:12) 115, 74. (77:45) 115, 73. (80:8) 94, 59. (80:9) 116, 3. (80:10) 109, 44. (84:12) 117, 17. (88:27) 74, 99; 55, 72. (89:1) 32, 99. (104:31) 115 » 78. (109:1) 53, 12; 86, 96. (115:10) 40, 68. (123:3) 34, 83. (144:2) 42, 40.

PROV (2:22) 28, 73. (8:31) 51, 59.

WIS (8:1) 47, 7.

CT (2:5) 30, 28. (3:11) 52, 60. (7:5) 98, 77; 103, 70.

ISA (1:6) 26, 4. (1:16) 104, 86. (3:20) 106, 60. (7:15) 35, 7. (9:3) 104, 91. (9:5) 103, 74; 103, 76. (9:6) 42, 38. (14:14) 86, 10. (26:10) 101, 97. (30:26) 45, 35. 45, 40. (53:1) 53, 15. (53:2) 39, 42. (55:2) 24, 39.

JER (23:24) 83, 11. (31:22) 54, 43. (48:28) 35, 95.

EZEK (1:22) 37, 60. (1:26) 37, 60.

DAN (7:14) 74, 5. (7:27) 37, 90.

AM (9:2) 40, 79.

HAB (3:14) 35, 91.

MT (1:18) 62, 20. (2:18) 74, 4. (3:3) 42, 36. (3:17) 51, 51; 74, 91; 74, 95. (5:10) 33, 51. (5:15) 45, 49. (6:9) 62, 11. (7:25) 23, 7; 35, 95. (8:9) 106, 51. (8:20) 29, 16. (11:27) 48, 58. (12:9) 37, 93. (16:13) 41, 26. (16:16) 44, 18. (16:18) 23, 7; 25, 77; 118, 66. (17:1) 25, 82. (17:2) 25, 80. (18:16) 29, 1. (19:6) 97, 75. (19:17) 51, 57. (20:16) 62, 12. (21:9) 52, 89. (21:12) 26, 8. (21:43) 90, 4. (22:21) 96, 13; 105, 23. (23:7) 66, 28. (24:15) 29, 93; 102, 31. (25:42) 105, 37. (27:65) 62, 96. (28:18) 38, 17; 40, 70.

MK (16:15) 55, 78.

LK (1:2) 42, 37. (1:15) 42, 39. (1:26) 24, 54; 42, 35. (1:33) 25, 60; 26, 16. (1:31) 101, 77. (1:37) 24, 47; 54, 40; 25, 57. (1:46) 84, 14. (4:14) 84, 24. (7:19) 23, 25. (11:20) 84, 17. (11:41) 102, 38. (11:42) 17. (12:28) 24, 40; 24, 54. (14:33) 94, 63. (20:16) 28, 69. (21:27) 62, 93. (23:11) 95, 8. (24:26) 87, 22.

JN (1:1) 56, 9. (1:5) 47, 9. (1:9) 45, 48. (1:14) 43, 76; 64, 76; 84, 22. (1:27) 49, 86. (1:33) 84, 28. (1:42) 25, 67. (3:2) 45, 45. (3:34) 39, 60. (4:23) 46, 89. (4:53) 33, 28. (5:17) 62,

(b)

Other authors and references

2

AUTHORS, WORKS, EDITORS, PLACES MENTIONED

(bibliography not included)

3

GLOSSARY

ABHOMINATIO desolationis 102, 31.

ABSOLVTE ordinatus 90, 20; 99, 25.

ACTORES uel auctores tanti sacrilegii 102, 12.

ADRIANVS: regularibus disciplinis exercitatus 106, 49.

APOSTOLICE sedis tutela 34, 86. sollicitudini apostolice 100, 43. cathedra potestatis apostolice 32, 5. sancto apostolatui tuo 106, 48. ex testimonio apostolorum 108, 19.

BELLVM ordinate peractum 92, 97.

BENEFICIARE 98, 1.

CANONES: contra canones antiquos et nouos 29, 96. canonum periti 91, 72.

CANONICI cathedrales 99, 19.

CAVSIDICI forenses 115, 66; 116, 92. causidicorum uerbositas 116, 84.

CAPAX diuini luminis 64, 71. ei capabile fuit 64, 71. hominis capacitati capabilia 38, 3.

CAPELLANI 99, 34; 99, 36.

CESAR: reddere Cesari que Cesaris sunt 96, 13.

CHRISTVS totus in paterna totus in materna substantia 35, 3. deum hominem et hominem deum predicamus 33, 32. duas naturas in Christo 37, 71. non geminata filii persona sed unius persone manente natura gemina 39, 32. natura in una Christi persona deificata 51, 31. altera natura per alteram deificata 39, 33. tres essentie in Christo 45, 55. hic tres essentie una sunt persona 46, 80. unio trium essentiarum 47, 12. coadunatis in unum tribus essentiis in una persona 42, 43. homo in deum assumptus 37, 84. increate nature gloria tota in Christo create nature data est 45, 28. gloria diuina Verbo insita per naturam homini data est per gratiam 40, 92. unitas personalis una adoratio Christi 48, 47. non errat

ecclesia hominem adorans 44, 17. deum carnem in Verbo adorare 44, 95. adorandus homo dei filius 44, 22. in duabus naturis adorandus 51, 36. adoratur diuinitas in anima et carne 46, 89. Christus non minus est potens patre suo 38, 18. Verbi deificantis et hominis deificati una est diuinitas, equalis gloria, indiuisa potestas 42, 49. in sapientia uel scientia non est inferior patre suo 38, 15. naturarum unio 35. 14. suscipiens diuinitas non est suscepta humanitas uel e conuerso 36, 28. diuinitas humanitate calciata 43, 76; 50, 15. mediante anima data et unita hominis corpori diuinitas 36, 33. que habet pater data sunt homini assumpto 39, 31. caro dei deificata 48, 38. carnem deificatam 43, 79; 63, 47. natura deificata 66, 37. testa cristallina humanitatis 45, 50. sol iustitie 45, 46. deus est passus 112, 45; 112, 55. filius dei dominus glorie crucifixus 57, 37.

CIPHVS non ad monachi silentium sed ad clerici ministerium pertinet 88, 77.

CLERICI cathedrales 105, 17. clerici plebales 99, 20. clerici cathedrales et eorum conducticii 27, 44. aleatores 99, 24. concubinarii 24, 33; 99, 24. conducticii 24, 34; 89, 97. 99, 24. usurarii 99, 24. uenatores 99, 24. cum suis conducticiis 26, 7. conductores ecclesias plebales et prebendas habentes 26, 7. indisciplinati cathedrales clerici 93, 39. clerici disciplinandi 24, 35. clerici incestuosi 23, 14. contra insanias clericorum 23, 10.

COLONI 29, 6.

COLOR mentis 66, 31.

COLORATVS intelligens 64, 60.

COMMVNEM uitam eligere 29, 85.

PATRES antiqui 109, 66. sanctorum patrum testimonia 48, 49. patres diuersa non aduersa sentiunt 39, 50.

PATRIPASSIANI 57, 57.

PAVPERES Christi 102, 34. pauperes Christi persequentes 93, 39.

PERIVRVS episcopus 96, 33.

PERMANENTIA 44, 5.

PERSONE descriptio: substantia rationalis indiuidua 55, 68.

PLEBANI presbyteri 29, 9. sacerdotes 102, 41. plebani 103, 61; 103, 65.

POPVLVS romanus 26, 28; 94, 79; 95, 86; 95, 87.

POSSIBILIA omnia credenti 79, 58.

PREBENDA 27, 48.

PROPRIETAS Christi forinsecus ei affixa 50, 11. proprietas persone forinsecus affixa 63, 37. proprietates personarum quasi extrinsecus affixas 76, 83. proprietates forinsecus affixas 76, 71. proprietates personis forinsecus affixas 106, 76. predicamentorum inherentias et forinsecus affixiones 82, 48. pereant proprietates ille 63, 41. filius est nomen proprietatis 50, 5.

PVRPVRA regis uincta canalibus 98, 77.

QUATERNITAS 107, 84.

RATIONALE obsequium 48, 39.

REALITER 100, 51.

REGALIS pompa episcoporum 103, 69. de regalibus ecclesie collatis 95, 1. episcopi regalia tenentes 96, 29.

REGVLE sinodales et cenobitales 23, 6.

REGVLARES canonici 29, 94.

SACERDOTVM filii 99, 25.

SANCTIMONIALES claustrali custodie mancipande 24, 35.

SCOLE plures in Francia et aliis terris 106, 67.

SEMI-SABELLIANI 58, 63.

SENATVS apostolorum 31, 55.

SINGVLARITAS est reprobata 81, 19. singularitatis nomen repudiatur 59, 14. singularitas reprobata est ab orthodoxis doctoribus 58, 85. nomen singularitatis 58, 65. opinio singularitatis excluditur 61, 64.

SPIRACVLVM uite 97, 61.

STIPENDIA 28, 77. stipendia spiritualis militie 29, 86.

SVBICI et predicari 56, 21.

SVBTILITAS philosophorum mundanorum 115, 65.

SVPERNATVRALIS exaltatio 86, 4.

SVPERNATVRALITER 39, 55.

SVPEREXCELLERE 38, 25.

SVPPONERE et predicare 55, 80; 56, 99.

SVPPOSITIO 56, 17.

THEOLOGIA 55, 86; 56, 8; 82, 49.

TREVGA seruanda 24, 36.

TRINITAS 46, 76; 77, 98. dei essentia qua unum est 111, 21; 111, 29. unitas trium personarum 47, 12. similitudo patris et filii 59, 97. similitudines Trinitatis: unius aque fons riuus et lacus (stagnum) 79, 66. unius anime mens noticia amor, unius mentis memoria intelligentia uoluntas 79, 60. unius arboris radix truncus ramus 79, 62. ex uno radio splendor et calor 79, 76. riuus infistulatus 79, 72.

VERSIBILITAS nature 49, 88.

VERSVTIA uerborum 107, 5.

VERSIFICARE 105, 12.

VESTIMENTVM mixtum sanguine 103, 72.

VESTIS alba sacerdotalis est; uestis purpurea regalis est 95, 8.

VIDVA in deliciis uiuens mortua est 26, 12.

VNITATES quatuor 107, 82.

VSIA (usya) 59, 19; 82, 57; 82, 69; 107, 83; 108, 32.

VOCALITER 100, 51.

XENODOCHIA 103, 66.